La Reconciliación
DON DE DIOS

GOD'S GIFT RECONCILIATION

CURSOS DE PRIMARIA

para usarse en programas escolares y parroquiales

PRIMARY GRADES

for use in school and parish programs

LOYOLA PRESS.
UN MINISTERIO JESUITA
A JESUIT MINISTRY

Reconocimientos

Cantos

"Enséñame" (página v). Texto y música por Lorenzo Florián. Copyright © 2004, World Library Publications, Franklin Park, IL. www.wlpmusic.com Todos los derechos reservados. Usado con permiso.

"Amor, amor" (página v). Tradicional.

"Vamos ya", (página v). – "We Go Forth" Texto inglés original y música por James V. Marchionda. Traducción al español por Peter M. Kolar. Copyright © 2004, 2007, World Library Publications, Franklin Park, IL. www.wlpmusic.com Todos los derechos reservados. Usado con permiso.

La versión en castellano del *Confiteor* ("Yo confieso") está tomada del *Misal Romano* © 2003 Obra Nacional Obra Nacional de la Buena Prensa, A.C., Conferencia del Episcopado Mexicano. La versión en castellano del Acto de contrición está tomada del *Catecismo de la Iglesia Católica*: Compendio © 2005 Librería Editrice Vaticana. La versión en castellano de las palabras de Absolución está tomada del *Ritual de la penitencia* © 2003 Obra Nacional de la Buena Prensa, A.C., Conferencia del Episcopado Mexicano. La versión en castellano de la oración al Espíritu Santo está tomada de *Una Guía de oración para padres de familia* © 2005 Loyola Press. Todos los derechos reservados.

Loyola Press ha hecho todos los intentos posibles por localizar a los propietarios de los derechos de autor de las obras citadas en el presente trabajo a fin de hacer un reconocimiento pleno de la autoría de su trabajo. En caso de alguna omisión, Loyola Press se complacerá en reconocer el crédito en las ediciones futuras.

Acknowledgments

Songs

"Make Us One" (page v). Text and music by James V. Marchionda. Copyright © 2000, World Library Publications, Franklin Park, IL. www.wlpmusic.com. All rights reserved. Used by permission.

"Peace Walk" (page v). Text and music by Julie Howard. Copyright © 1995, World Library Publications, Franklin Park, IL. www.wlpmusic.com. All rights reserved. Used by permission.

"We Go Forth" (page v). Text and music by James V. Marchionda. Copyright © 2004, World Library Publications, Franklin Park, IL. www.wlpmusic.com. All rights reserved. Used by permission.

The English translation of the *Confiteor* ("I confess") from *The Roman Missal, Third Edition* © 2010, International Committee on English in the Liturgy, Inc. (ICEL); the English translation of the Act of Contrition and the Absolution from *Rite of Penance* © 1974, ICEL; the English translation of the Prayer to the Holy Spirit from A *Book of Prayers* © 1982, ICEL. All rights reserved.

Loyola Press has made every effort to locate the copyright holders for the cited works used in this publication and to make full acknowledgment for their use. In the case of any omissions, the publisher will be pleased to make suitable acknowledgments in future editions.

Traducción y adaptación/Translation and adaptation: Miguel Arias y Santiago Cortés-Sjöberg/Loyola Press

Diseño interior/Interior design: Mia Basile/Loyola Press, Think Design
Diseño de portada/Cover art: Susan Tolonen
Ilustración de portada/Cover design: Think Design,

Loyola Press
Directora artística/Art Director: Judine O'Shea/Loyola Press

ISBN-10: 0-8294-2661-2, ISBN-13: 978-0-8294-2661-8

Copyright © 2009 Loyola Press

Para más información acerca de la traducción al inglés de la tercera edición en latín del *Missale Romanum*, visite www.loyolapress.com/romanmissal.

For more information related to the English translation of the *Roman Missal, Third Edition*, see www.loyolapress.com/romanmissal.

LOYOLA PRESS.
UN MINISTERIO JESUITA
A JESUIT MINISTRY
3441 N. Ashland Avenue
Chicago, Illinois 60657
(800) 621-1008
www.loyolapress.com

13 14 15 16 Web 10 9 8 7 6

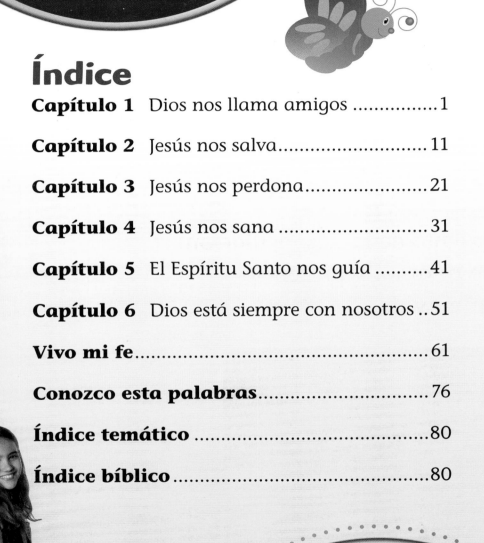

Índice

Contents

Al abrir este libro,
recuerdo lo mucho que Dios me ama
y cómo me llama a unirme a él
y a toda su creación.

Gracias, Dios mío,
por darme el sacramento de la Reconciliación,
como señal de tu amor y presencia
en mi vida.

As I open this book,
I remember how much God loves me
and calls me to be one with him
and all creation.

Thank you, God,
for giving me the Sacrament of Reconciliation
as a sign of your love and presence
in my life.

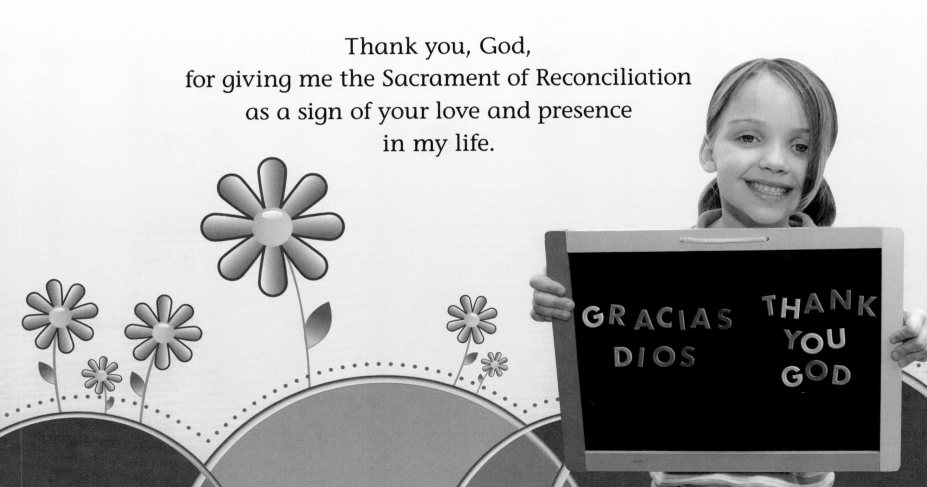

GRACIAS DIOS THANK YOU GOD

Enséñame

Estribillo:
Enséñame a vivir, enséñame a seguir,
seguirte sólo a ti, mi Señor y Salvador.

Señor, tú eres mi Rey, protector y salvador.
Pues un niño soy, Señor; enséñame tu amor.

Estribillo

Señor, mi amigo serás. Tú me guías por
   siempre jamás.
Pues un niño soy, Señor; enséñame tu amor.

Estribillo

Amor, amor

Amor, amor, amor, amor;
hermano mío, Dios es amor.
Ama a todos como hermanos;
Dios es amor.

Vamos ya

Se repite cada frase después del líder:

Al rezar,
vamos ya
en la gracia de Jesús.
Llamados
a vivir
el Santo Evangelio.

Make Us One

God of love, make us one
And unite us in Christ.
In our hearts, in our minds,
In our souls and in our spirits,
Make us one, God of love.

Peace Walk

REFRAIN
Come, let us walk in the way of our God,
Let us walk in the way of our God. (Repeat)

VERSE
Pray for God's gentle peace within.
May the pilgrimage now begin.
Peace abide within our hearts.
All who love God, walk in peace.

We Go Forth

Repeat each line after the leader:

We go forth
From this prayer
With the grace of Jesus.

Called to live
What he taught
In the holy Gospel.

v

Dios nos llama amigos

Los buenos amigos

¡Los amigos son estupendos! Jugamos con ellos, compartimos dulces con ellos y vamos con ellos a distintos lugares. Los amigos hacen que cada día sea un día divertido.

¿Qué cosas divertidas haces con tus amigos?

I play wiht
my fras
nrf.gun ☺

Dios, Creador nuestro, tú me has creado y me amas. Ayúdame a ser un buen amigo tuyo.

1

God Calls Us Friends

Good Friends

Friends are great! We play with them, share treats with them, and go places together. Friends make each day fun.

What fun things do you do with your friends?

_____

_____

_____

God, our Creator, you made me and you love me. Help me be your good friend.

La gracia: un regalo de Dios

Dios existía antes que cualquier otra cosa. Él quería compartir su vida con nosotros. Por eso Dios creó un jardín muy bonito. Creó a Adán y a Eva para que disfrutaran del jardín. Dios bajó del cielo para pasear con Adán y Eva. Eran felices. Dios les dio un gran regalo, llamado la **gracia.** La gracia es la vida de Dios en nosotros. Nos ayuda a ser amigos de Dios y de los demás.

Dios les dio a Adán y Eva una regla. No tenían permitido comer de la fruta de cierto árbol del jardín.

Satanás quería que Adán y Eva desobedecieran a Dios y por eso los tentó para que de todas formas comieran de esa fruta. Adán y Eva cayeron en la **tentación.** Perdieron el regalo de la gracia. Todo cambió.

God's Gift of Grace

God existed before anything else. He wanted to share
his life with us. So God created a beautiful garden.
He created Adam and Eve to enjoy the garden.
God came from heaven to walk with Adam and Eve.
They were happy. God had given them a great gift
called **grace.** Grace is God's life in us. It helps us
to be friends with God and with one another.

God gave Adam and Eve one rule. They were not
to eat the fruit of one certain tree in the garden.

Satan wanted Adam and Eve to disobey God,
so he tempted them to eat the fruit anyway.
Adam and Eve gave in to the **temptation.**
They lost the gift of grace. Everything changed.

Adán y Eva ya no eran felices el uno con el otro. Habían desobedecido a Dios. Cuando Dios bajó del cielo para pasear con ellos, se escondieron de él. Dios les preguntó si habían comido de la fruta de aquel árbol, y ellos le dijeron que sí. Habían dañado su amistad con Dios. Ya no tenían el regalo especial de la gracia. Tuvieron que abandonar ese jardín tan bonito.

adaptado de Génesis 2, 3

Adam and Eve were no longer happy with each other. They had disobeyed God. When God came from heaven to walk with them, they hid. God asked them if they had eaten the fruit of that one tree, and they said yes. They had hurt their friendship with God. They no longer had that special gift of grace. They had to leave the beautiful garden.

adapted from Genesis 2, 3

La mala decisión

Dios creó un jardín
que era muy bonito.

Lo llenó de frutas y flores,
y de toda clase de árboles.

Adán y Eva estaban contentos;
Dios era su amigo especial.
Pensaban que esta alegría
jamás se acabaría.

Pero Satanás vino a tentarlos,
"Todo saldrá bien", dijo.
"No escuchen lo que Dios dice,
escúchenme a mí".

Hicieron lo que Satanás les dijo,
y después corrieron
y se escondieron.
Perdieron la gracia de Dios, la amistad de Dios,
por haber hecho lo que hicieron.

The Wrong Choice

God created a garden
that was beautiful to see.
He filled it with fruit and flowers,
and every kind of tree.

Adam and Eve were happy;
God was their special friend.
They thought these happy times
would never, ever end.

But Satan came to tempt them,
"All will be fine," he said.
"Don't listen to what God says,
listen to me instead."

They did as Satan told them,
and then they ran and hid.
They lost God's grace, his friendship,
because of what they did.

¡Oh, no!

Atascados en el camino

Los amigos son muy importantes para nosotros. Pero en ocasiones nos enojamos con ellos. A veces, incluso podemos tener celos de ellos. Puede ser que les quitemos algo que de verdad queremos. O que decidamos no ayudarlos cuando lo necesiten. Cuando nos comportamos así, estamos cayendo en la tentación.

Puede que sepamos que las cosas que hacemos, o que no hacemos, están mal. Puede que sepamos que dañan nuestra amistad con Dios y los demás. Nos gustaría no hacer esto, pero no sabemos cómo hacerlo. Es como si estuviésemos atascados y sólo pudiésemos actuar así.

A partir del momento en el que Adán y Eva se alejaron de la amistad de Dios, todas las personas nacen con el **pecado original.** El pecado original es lo que hace que nos sea más difícil ser amigos de Dios y de los demás.

Stuck Along the Way

Friends are very important to us. But sometimes we get angry with our friends. Sometimes we may even be jealous of them. We might take something of theirs that we really want. Or we might choose to not help when one of them needs help. When we do these things, we are giving in to temptation.

We may know that the things we do—or don't do—are wrong. We may know that they hurt our friendship with God and with one another. We would like to stop, but we don't know how. We just seem stuck acting that way.

Ever since Adam and Eve turned away from God's friendship, all people are born in **original sin.** Original sin makes it more difficult for us to be friends with God and with one another.

Oh, no!

I Think About This

A temptation is a thought or feeling that can lead me to make a wrong choice.

La promesa de Dios

La Biblia nos cuenta la historia de la promesa divina de ayudarnos. Dios prometió enviarnos un salvador. Nuestro **Salvador,** Jesús, nos liberaría del pecado original. Nos enseñaría cómo convertirnos en íntimos amigos de Dios. Nos **reconciliaría** con él.

La Virgen María conocía la promesa de Dios. Oraba para que el Salvador viniese pronto. Un ángel visitó a María. El ángel le dijo que Dios le pedía a ella que fuese la Madre del Salvador. María dijo que sí. Haría lo que Dios le pidiera. Ella sería la madre del Salvador prometido por Dios.

Pienso en esto

Reconciliar significa "unir de nuevo".

I Think About This

Reconcile *means "to bring together."*

God's Promise

The Bible tells us the story of God's promise to help us. God promised that he would send a savior. Our **Savior,** Jesus, would free us from original sin. He would show us how to become closer friends with God. He would **reconcile** us with God.

Mary knew about God's promise. She prayed that the Savior would come soon. An angel came to Mary. The angel told Mary that God was asking her to be the mother of the Savior. Mary said yes. She would do what God asked. She would be the mother of the Savior that God promised.

La manera en que sucedió

Coloca en orden las partes de esta historia de nuestra fe.

_____ Satanás tentó a Adán y Eva.

_____ Dios prometió un salvador.

_____ Adán y Eva dañaron su amistad con Dios.

_____ Adán y Eva eran felices en el jardín de Dios.

_____ María dijo sí a Dios.

¿Cómo lo hiciste?

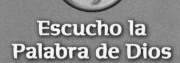

Escucho la Palabra de Dios

Dios dijo: "Prometo enviar a un salvador".

basado en Génesis 3:15

The Way It Happened

Put the parts of this story of our faith in order.

2 _____ Satan tempted Adam and Eve.

4 _____ God promised a savior.

3 _____ Adam and Eve hurt their friendship with God.

1 _____ Adam and Eve were happy in God's garden.

5 _____ Mary said yes to God.

I Listen to God's Word

God said, "I promise to send a savior."

based on Genesis 3:15

How did you do?

Nuestra amistad con Dios

Guía: Reunidos como amigos de Dios, comencemos nuestra oración con la señal que indica nuestra pertenencia a Dios: en el nombre del Padre, y del Hijo, y del Espíritu Santo. Amén.

Guía: Tú creaste el mundo para que vivamos en él.

Respuesta: Te damos gracias, Señor.

Tú nos das la gracia para vivir como amigos tuyos.
Te damos gracias, Señor.

Tú nos ayudas cuando somos tentados.
Te damos gracias, Señor.

Tú nos aceptas y das la bienvenida cuando hemos pecado.
Te damos gracias, Señor.

Tú nos enviaste a Jesús para que fuera nuestro Salvador.
Te damos gracias, Señor.

Dios cuida de nosotros

Dios nos creó y quiere que seamos felices. Quiere que seamos amigos de él y de las demás personas. Dios siempre nos ama, no importa lo que hagamos. Él es un amigo que se preocupa por nosotros y está siempre dispuesto a perdonarnos. El ser amigos de Dios nos ayuda a ser amigos de los demás.

God Cares for Us

God made us and wants us to be happy. He wants us to be friends with him and with one another. God loves us at all times, no matter what we do. He is a friend who cares for us and is always ready to forgive. Being friends with God helps us to be friends with others.

Our Friendship with God

Prayer Leader: Gathered as God's friends, let us begin our prayer with the sign of belonging to God. In the name of the Father, and of the Son, and of the Holy Spirit. Amen.

Prayer Leader: You created the world for us to live in.

Response: We thank you, God.

You give us grace to live as your friends.
We thank you, God.

You help us when we are tempted.
We thank you, God.

You welcome us back when we have sinned.
We thank you, God.

You sent Jesus to be our Savior.
We thank you, God.

Cuando celebro

Me uno en oración a la Iglesia extendida por toda la tierra.

Todos: Dios del amor, te damos gracias por el regalo de tu amistad. Ayúdanos a caminar junto a ti.

Guía: Recordando siempre el amor que Dios tiene por nosotros, proclamemos juntos la oración que Jesús nos enseñó:

Todos: Padre nuestro, que estás en el cielo,
santificado sea tu nombre;
venga a nosotros tu reino;
hágase tu voluntad en la tierra como en el cielo.
Danos hoy nuestro pan de cada día;
perdona nuestras ofensas,
como también nosotros perdonamos
a los que nos ofenden;
no nos dejes caer en la tentación,
y líbranos del mal.
Amén.

All: Loving God, thank you for the gift of your friendship. Help us to walk closely with you.

Prayer Leader: Remembering God's love for us, let us pray the prayer that Jesus taught us.

All: Our Father, who art in heaven,
hallowed be thy name;
thy kingdom come,
thy will be done
on earth as it is in heaven.
Give us this day our daily bread,
and forgive us our trespasses,
as we forgive those who trespass
    against us;
and lead us not into temptation,
but deliver us from evil.
Amen.

When I Celebrate

I join in prayer with the Church around the world.

Recuerdo lo que aprendo

- Adán y Eva vivían en la gracia de Dios, como amigos suyos.
- Adán y Eva eligieron no seguir a Dios.
- Todos nacemos con el pecado original.
- Dios prometió un salvador.
- María es la Madre de nuestro Salvador.

Vivo lo que aprendo

Obedezco las reglas de Dios.

Digo sí a Dios.

Le doy gracias a Dios por su amistad.

Repasemos lo que hemos aprendido.

Comparto con mi familia

Conversa con tu familia acerca de nuestra amistad con Dios. ¿Qué pueden hacer como familia para vivir en su amistad?

Conozco estas palabras

gracia

pecado original

reconciliar

Salvador

tentación

Oración final

Dios mío, gracias por ser mi amigo. Ayúdame a decirte sí como lo hizo la Virgen María.

Living My Faith

I Remember What I Learn

- Adam and Eve lived in grace as God's friends.
- Adam and Eve chose not to follow God.
- Everyone is born in original sin.
- God promised a savior.
- Mary is the mother of our Savior.

I Live What I Learn

I obey God's rules.

I say yes to God.

I thank God for his friendship.

Let's go over what we learned.

I Know These Words

grace	Savior
original sin	temptation
reconcile	

Closing Prayer

Thank you, God, for being my friend.
Help me to say yes to you as Mary did.

Jesús nos salva

¡Salvados de nuevo!

A veces te olvidas qué tareas tenías para la escuela y llamas a un amigo para que te ayude. O quizás se te olvidó tu almuerzo o el dinero para comprarlo y tienes que pedirle a un compañero que comparta el suyo contigo.

¿Te han pasado algunas de estas cosas? ¿Cómo te sentiste cuando alguien vino a ayudarte?

Jesús, Salvador nuestro, ayúdame a recordar que tú siempre estás listo para ayudarme.

Jesus Saves Us

Saved Again!

Sometimes you forget what to do for homework and have to call a friend for help. Or maybe you forget your lunch or lunch money and have to ask your classmates to share with you.

Have any of these things ever happened to you? How did you feel when someone came to your rescue?

Jesus, our Savior, help me to remember that you are always ready to help me.

Jesús, nuestro Salvador

José, al igual que la Virgen María, sabía que Dios había prometido salvarnos. Una noche, José tuvo un sueño. En su sueño, un ángel le dijo que el hijo de María era de Dios. El ángel le dijo a José que le diera al bebé el nombre de Jesús.

Jesús es el Hijo de Dios. El nombre "Jesús" quiere decir: "Dios salva".

adaptado de Mateo 1:18–21

Jesús creció y aprendió a ser carpintero. Años más tarde, anduvo de pueblo en pueblo enseñando y sanando a la gente.

Jesús enseñó a la gente lo mucho que Dios, nuestro Padre, los quiere. Él quería que todas las personas fuesen amigos de Dios. Quería que todos vivieran una vida santa.

Jesus, Our Savior

Like Mary, Joseph knew of God's promise to save us. One night, Joseph had a dream. In his dream, an angel told him that Mary's baby was from God. The angel told Joseph to name the baby Jesus.

Jesus is the Son of God. Jesus' name means "God saves."

adapted from Matthew 1:18–21

Jesus grew up and learned how to be a carpenter.
Later, he went from town to town teaching and healing people.

Jesus taught people about how much God our Father loves them. He wanted all people to be friends with God. He wanted them to live holy lives.

Debido al pecado original, la gente seguía alejándose de Dios. No les gustaba lo que Jesús enseñaba. Hicieron que lo arrestaran.

Jesús sufrió, murió, resucitó de entre los muertos y ascendió al cielo para salvarnos del pecado. Ofreció su vida para reconciliarnos con Dios, nuestro Padre. Ofreció su vida porque nos ama.

INRI

But because of original sin, people still turned away from God. They did not like what Jesus was teaching. They had him arrested.

Jesus suffered and died, rose from the dead, and ascended into heaven to save us from sin. He offered his life so we could be reconciled with God our Father. He offered his life because he loves us.

Escucho la Palabra de Dios

Jesús dijo a los discípulos que bautizaran a las personas en el nombre del Padre, y del Hijo, y del Espíritu Santo.

adaptado de Mateo 28:18–20

Bienvenidos a la familia de Dios

Jesús vive en el cielo con Dios Padre y con el Espíritu Santo. Jesús nos dio los sacramentos para estar con nosotros hoy. Él nos da su gracia de una forma especial mediante los sacramentos.

La gracia de Jesucristo nos viene mediante el **Bautismo.** Cuando somos bautizados, recibimos el Espíritu Santo. El Bautismo nos libera del pecado original y de todo pecado personal. Nos da la bienvenida a la familia especial de Dios, la Iglesia católica. Nos convertimos en hijos e hijas de Dios.

Welcomed into God's Family

Jesus Christ lives in heaven with God the Father and the Holy Spirit. Jesus gave us the sacraments in order to be with us today. He gives us his grace, especially in the sacraments.

The grace of Jesus Christ comes to us in **Baptism.** When we are baptized, we receive the Holy Spirit. Baptism frees us from original sin and all personal sin. We are welcomed into God's special family, the Catholic Church. We become children of God.

Un E-mail a Dios

Escribe un mensaje a Dios. Dale gracias por todas las cosas buenas que él hace por ti.

No te olvides de dar gracias a Dios por las mascotas.

De:

Para: Dios

Asunto: ¡Gracias!

Le Dare Gracias
a fobol

An E-mail to God

Write a message to God. Thank him for all the good things he does for you.

Don't forget
to thank God
for puppies.

From:

To: God

Subject: Thank you!

Amigos de Dios

A medida que crecemos, Dios continúa ayudándonos con su gracia. Nos ayuda mediante los sacramentos.

Durante la celebración del sacramento de la **Confirmación**, somos ungidos con óleo. La Confirmación nos fortalece en la fe. Nos da la fuerza para ser seguidores de Jesús.

Jesús nos da el regalo de su Cuerpo y Sangre en la **Eucaristía.** Recibir la Sagrada Comunión nos ayuda a permanecer cerca de él y a crecer en santidad.

A veces cometemos **pecados** y nos alejamos de Dios. Celebramos el perdón de Dios mediante el sacramento de la **Reconciliación.**

¿Cuál es una manera con la que puedo decirle a Dios que estoy arrepentido de mis pecados? Puedo orar el Acto de contrición.

Pienso en esto

El Bautismo, la Confirmación y la Eucaristía son los **sacramentos de iniciación.** Nos hacen miembros plenos de la Iglesia.

Friends with God

As we grow, God continues to help us with his grace. He gives us help in the sacraments.

During the Sacrament of **Confirmation,** we are anointed with oil. Confirmation makes us stronger in our faith. It gives us the strength to be followers of Jesus.

Jesus gives us the gift of his Body and Blood in the **Eucharist.** Receiving Holy Communion helps us stay close to him and grow in holiness.

Sometimes we **sin** and turn away from God. We celebrate God's forgiveness in the Sacrament of **Reconciliation.**

What is one way I can tell God I'm sorry when I sin? I can pray the Act of Contrition.

I Think About This

Baptism, Confirmation, and the Eucharist are **Sacraments of Initiation.** *They make us full members of the Church.*

Estoy en camino

Mi nombre es _Abraham_

Este año celebraré por primera vez el sacramento de la Reconciliación.

Este es un dibujo de mi familia. Ellos me ayudarán a prepararme para celebrar este sacramento.

Me llamo
Edu.

On My Way

My name is _____.

I will celebrate the Sacrament of Reconciliation for the first time this year.
This is a picture of my family. They will help me prepare for the sacrament.

My name is Ed.

Una señal de bienvenida

Guía: Comenzamos nuestra oración con la señal de la cruz. Recordamos que pertenecemos a la familia de Dios, la Iglesia.

Tranquilos y en silencio, hablemos con Jesús en nuestro corazón.

Imagínate que estás presenciando el Bautismo de un bebé. Ves al sacerdote trazar la señal de la cruz en la frente del bebé. Cuando el sacerdote o el diácono bautiza al bebé con agua, en nombre del Padre, y del Hijo y del Espíritu Santo, tú sabes que este bebé pertenece ahora a la familia de Dios. La cruz es una señal de bienvenida y demuestra que pertenecemos a la familia de Dios, la Iglesia.

La señal de la cruz

Se nos da la bienvenida a la familia de Dios en el Bautismo. El sacerdote traza una cruz en nuestra frente. Cuando celebramos el sacramento de la Reconciliación, el sacerdote nos da la bienvenida en nombre de Dios. Entonces, hacemos juntos la señal de la cruz. Nos recuerda que somos seguidores de Jesús y miembros de la Iglesia.

The Sign of the Cross

We were welcomed into God's family at our Baptism. The priest traced a cross on our forehead. When we celebrate the Sacrament of Reconciliation, the priest welcomes us in God's name. Then we make the Sign of the Cross together. It reminds us that we are followers of Jesus and members of the Church.

A Welcoming Sign

Prayer Leader: We begin our prayer with the Sign of the Cross. We remember that we belong to God's family, the Church.

Be still and talk with Jesus in your heart.

Imagine that you are at the Baptism of a baby. You watch the priest trace a cross on the baby's forehead. When the priest or deacon baptizes the baby with water in the name of the Father, and of the Son, and of the Holy Spirit, you know this baby now belongs to God's family. The cross is a sign of welcome and shows that we belong to God's family, the Church.

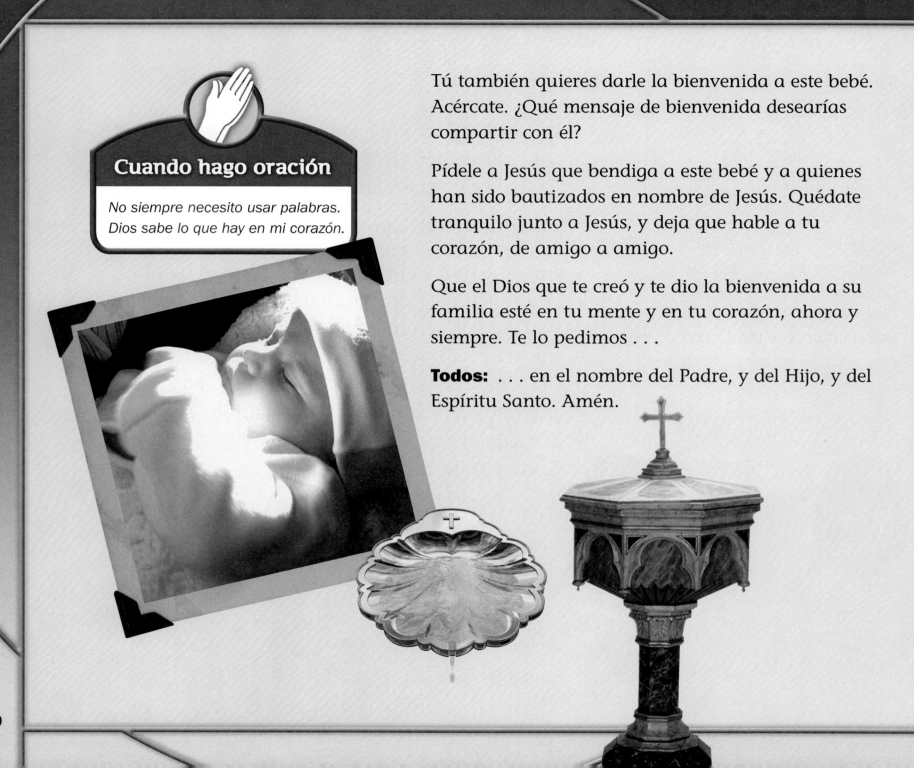

Cuando hago oración

No siempre necesito usar palabras.
Dios sabe lo que hay en mi corazón.

Tú también quieres darle la bienvenida a este bebé. Acércate. ¿Qué mensaje de bienvenida desearías compartir con él?

Pídele a Jesús que bendiga a este bebé y a quienes han sido bautizados en nombre de Jesús. Quédate tranquilo junto a Jesús, y deja que hable a tu corazón, de amigo a amigo.

Que el Dios que te creó y te dio la bienvenida a su familia esté en tu mente y en tu corazón, ahora y siempre. Te lo pedimos . . .

Todos: . . . en el nombre del Padre, y del Hijo, y del Espíritu Santo. Amén.

You want to offer a welcome to this baby too. Come close. What welcoming message would you like to share?

Ask Jesus to bless this baby and all who are baptized in his name. Be still with Jesus, and let him speak to your heart, friend to friend.

May the God who created you and welcomed you into his family be in your mind and heart, now and forever.
We ask this . . .

All: . . . in the name of the Father, and of the Son, and of the Holy Spirit. Amen.

When I Pray

I don't always need to use words. God knows what is in my heart.

Recuerdo lo que aprendo

- El nombre de Jesús significa: "Dios salva".
- Recibo una vida nueva mediante el sacramento del Bautismo.
- Soy fortalecido mediante el sacramento de la Confirmación.
- Soy alimentado mediante el sacramento de la Eucaristía.
- Soy reconciliado con Dios mediante el sacramento de la Reconciliación.

Vivo lo que aprendo

Vivo como hijo de Dios.
Sigo a Jesús.
Me persigno.

¿Qué significa el nombre de "Jesús"?

Comparto con mi familia

Confiamos y esperamos en Dios. Pide a los miembros de tu familia que compartan cómo Dios los ayuda a cada uno de ustedes.

Conozco estas palabras

Bautismo	Reconciliación
Confirmación	sacramentos de iniciación
Eucaristía	pecado

Oración final

Dios amoroso, gracias por habernos dado a Jesús. Ayúdame a permanecer cerca de él.

Living My Faith

I Remember What I Learn

- The name *Jesus* means "God saves."
- I received new life in the Sacrament of Baptism.
- I am strengthened in the Sacrament of Confirmation.
- I am nourished in the Sacrament of the Eucharist.
- I am reconciled with God in the Sacrament of Reconciliation.

I Live What I Learn

I live as a child of God.
I follow Jesus.
I pray the Sign of the Cross.

What does the name Jesus mean?

I Share with My Family

We place our trust and hope in God. Ask your family members to share ways that God helps each of them.

I Know These Words

Baptism	Reconciliation
Confirmation	Sacraments of Initiation
Eucharist	sin

Closing Prayer

Loving God, thank you for the gift of Jesus. Help me to stay close to him.

Jesús nos perdona

Otra oportunidad

¿Te ha pasado esto alguna vez?

_____ Cometiste un error en tus
tareas escolares.

_____ Tu dibujo no te salió como esperabas.

_____ Fallaste un gol en un partido
de fútbol.

_____ Tocaste la nota equivocada durante
tu clase de música.

Los errores a veces simplemente suceden.
A lo mejor no te gusta lo que has hecho.
Quieres volver a intentarlo de nuevo. ¿No es
maravilloso tener otra oportunidad?

*Jesús, amigo mío, ayúdame a tomar
buenas decisiones.*

Chapter 3

Jesus Forgives Us

Another Chance

Has this ever happened to you?

_____ You make a mistake in your homework.

_____ Your drawing doesn't turn out the way you hoped.

_____ You miss the goal on a free kick.

_____ You play the wrong note during your piano lesson.

Mistakes happen. At times you don't like what you've done. You want to try again. Isn't it great to have another chance?

Jesus, my friend, help me to make good choices.

21

La segunda oportunidad de Mateo

Jesús iba caminando. Entonces vio a Mateo trabajando tras una mesa. Mateo estaba recaudando impuestos en nombre del gobierno romano. Cobraba a la gente más dinero de lo que debía. La gente se empobrecía cada vez más. Se daban cuenta que Mateo estaba haciendo algo malo.

Matthew's Second Chance

Jesus was walking down the road. He saw Matthew working behind a table. Matthew was collecting taxes for the Roman government. He took more money from the people than he should have. The people became very poor. They saw that Matthew was doing something wrong.

Cuando Jesús vio a Mateo, vio en él algo más. Jesús miró la profundidad de su corazón. Vio a un hombre bueno. Le dijo que dejara la mesa y lo siguiera. Mateo dejó su trabajo y se convirtió en un discípulo, en un seguidor de Jesús. Mateo tomó una buena decisión. Más tarde, Jesús se reunió con Mateo en una gran fiesta.

Mucha gente estaba furiosa con Jesús por haberse hecho amigo de Mateo. No querían a Mateo. Jesús les dijo que él había venido para ayudar a las personas que habían pecado. Él quería que todos fueran sus amigos.

adaptado de Mateo 9:9–13

When Jesus saw Matthew, he saw something more. Jesus looked deep into Matthew's heart. He saw a good man. He told Matthew to leave the table and follow him. Matthew left his job and became a disciple, a follower of Jesus. Matthew made a good choice. Later, Jesus joined Matthew at a big party in Matthew's home.

Many people were upset with Jesus for making Matthew his friend. They did not like Matthew. Jesus told them that he came to help people who had sinned. He wanted everyone to be his friend.

adapted from Matthew 9:9–13

Tomar buenas decisiones

Con el Bautismo, comenzamos a vivir como seguidores de Jesús. Vivimos como sus discípulos. Como discípulos de Jesús, queremos tomar buenas decisiones. El Espíritu Santo nos guía para tomar buenas decisiones. Es nuestro ayudante especial.

Algunas decisiones son fáciles de tomar. Puede que yo elija entre comer una manzana o un plátano. Otras decisiones no son tan fáciles. A veces tengo que elegir entre lo que está bien y lo que está mal. A esto se le llama tomar una **decisión moral.**

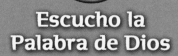

Escucho la Palabra de Dios

Jesús dijo: "Ama al Señor, tu Dios, con todo tu corazón y ama a tu prójimo como a ti mismo". Este es el mandamiento mayor.

adaptado de Lucas 10:27

Si no estoy seguro que una decisión es buena, esto es lo que hago:

1 Me detengo antes de actuar.
2 Pienso en los Diez Mandamientos.
3 Pido ayuda a mis padres, a mi catequista, a un diácono o a un sacerdote.
4 Invoco al Espíritu Santo.

Making Good Choices

In Baptism, we begin to live as followers of Jesus. We live as his disciples. As Jesus' disciples, we want to make good choices. The Holy Spirit guides us in making good choices. He is our special helper.

Some choices are easy. I might choose whether to eat an apple or a banana for lunch. Other choices are not so easy. Sometimes I have to choose between what's right and what's wrong. This is called making a **moral choice.**

I Listen to God's Word

Jesus said, "Love the Lord, your God, with all your heart and love your neighbor as yourself." This is the Great Commandment.

adapted from Luke 10:27

If I am not sure a choice is a good one, this is what I do.

1 I stop before I act.
2 I think about the Ten Commandments.
3 I ask for help from my parents, my catechist, a deacon, or a priest.
4 I pray to the Holy Spirit.

¿Bien o mal?

Dibuja, en el círculo, una cara sonriente si crees que Juan tomó una buena decisión. Dibuja una cara triste si crees que tomó una mala decisión.

¡Ayudemos a Juan!

 Mateo le pidió a Juan que le dejase copiar sus tareas. Juan le dijo que no.

 Juan estaba viendo la televisión cuando en el programa empezaron a decir insultos y malas palabras. Juan cambió de canal.

 Ana tenía dulces en su escritorio. Juan tomó un dulce cuando nadie estaba mirando.

 Juan terminó de limpiar su recámara. Luego ayudó a su hermana pequeña a limpiar la suya.

 La vendedora de la tienda le dio a Juan cambio de más. Juan se alegró de recibir dinero extra.

¿Qué puede hacer Juan para hacer que sus malas decisiones se tornen en buenas decisiones?

Right or Wrong?

Draw a smiley face in the circle if Jeff made a good choice. Draw a sad face if you think he made a bad choice.

Let's help Jeff!

◯ Matt asked to copy Jeff's homework. Jeff said no.

◯ Jeff was watching TV when the people started using bad language. He changed the channel.

◯ Liz had candy on her desk. Jeff took a piece when no one was looking.

◯ Jeff finished cleaning his bedroom. He helped his little sister clean hers.

◯ The salesperson at the store gave Jeff too much change. Jeff was glad for the extra money.

What can Jeff do to turn his bad choices into good ones?

Somos tentados a pecar

Incluso cuando intentamos tomar buenas decisiones, a veces somos tentados. Somos tentados a actuar de maneras que nos herimos a nosotros mismos o herimos a otras personas. Cuando nos alejamos de la ley de Dios, pecamos. El pecado daña nuestra amistad con Dios.

A veces alejarse de Dios y de los demás puede ser algo muy serio. Es un **pecado mortal.** Un pecado mortal es una decisión seria de alejarse de la ley de Dios. Nos aleja del amor y la gracia de Dios. Debemos confesar a un sacerdote nuestros pecados mortales y recibir la absolución.

A veces nos podemos alejar de Dios y de los demás de una forma menos seria. Entonces cometemos un **pecado venial.** Cada vez que pecamos, dañamos nuestra amistad con Dios y con los demás.

Jesús siempre nos ama, incluso si pecamos. Jesús mira en nuestro corazón. Ve que somos buenos. Si hacemos algo malo y nos arrepentimos, entonces Jesús nos perdona. Él nos da otra oportunidad.

Pienso en esto

Los errores y los accidentes no son pecados.

I Think About This

Mistakes and accidents are not sins.

We Are Tempted to Sin

Even when we try to make good choices, sometimes we are tempted. We are tempted to act in ways that hurt ourselves or other people. When we turn away from God's laws, we sin. Sin hurts our friendship with God.

Sometimes turning away from God and others can be very serious. It is a **mortal sin.** A mortal sin is a serious choice to turn away from God's laws. It cuts us off from God's love and grace. We must confess mortal sins to a priest and receive absolution.

Sometimes we can turn away from God and others in a less serious way. Then we commit a **venial sin.** Every time we sin, we hurt our friendship with God and with others.

Jesus always loves us, even if we sin. Jesus looks into our hearts. He sees that we are good. If we do something wrong and we are sorry, Jesus forgives us. Jesus gives us another chance.

De corazón a corazón con Jesús

Jesús te ama y vive en ti. Él quiere tu amor como respuesta. En uno de los corazones de esta página, dibuja a Jesús. En el otro, haz un dibujo de ti mismo. A continuación, une la línea de puntos entre las flechas. Muestra que Jesús y tú están unidos de corazón a corazón.

Heart-to-Heart with Jesus

Jesus loves you and lives in you. He wants your love in return. In one of the hearts below, draw Jesus. In the other heart, draw a picture of yourself. Then connect the dots between the arrows. Show that Jesus and you are connected heart-to-heart.

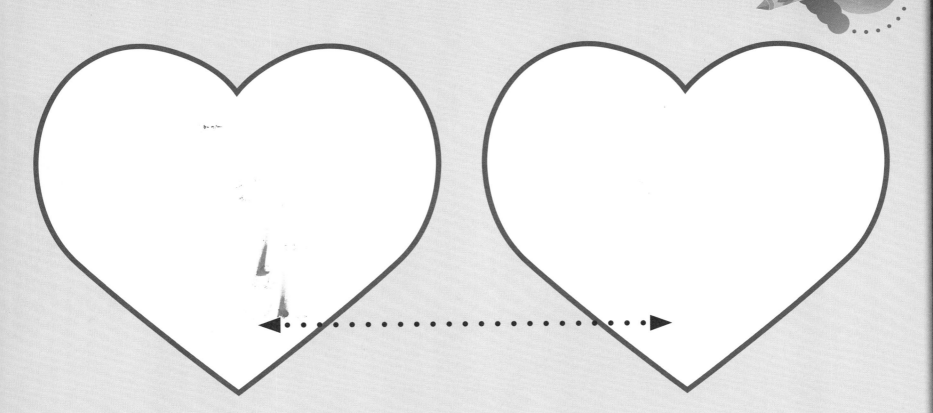

Una conversación amorosa

Guía: Jesús está con nosotros.

Todos: Ofrezcámosle nuestro corazón.

Guía: Escuchemos en silencio una lectura de los Salmos, e imaginemos que estamos hablando con Jesús con estas palabras:

Lector: Tú has mirado en lo más profundo
de mi corazón,
sabes todo acerca de mi.
Conoces mis pensamientos.
Te das cuenta de todo lo que hago
y a dónde voy.

basado en el Salmo 139:1–3

Siempre con nosotros

Jesús está siempre con nosotros. Podemos hablar con él cuando queramos. Le podemos contar lo que tenemos en nuestro corazón. Podemos estar seguros de que nos escuchará. Él nos ama. Quiere estar con nosotros, de corazón a corazón.

Always with Us

Jesus is always with us. We can talk to him any time we want. We can tell him what's in our heart. We can be sure he will listen. Jesus knows us well. He loves us. He wants to be with us, heart-to-heart.

A Loving Conversation

Prayer Leader: Jesus is with us.

All: Let us open our hearts to him.

Prayer Leader: Let's listen quietly to a reading from the Psalms and imagine we are speaking these words to Jesus.

Reader: You have looked deep into my heart, and you know all about me.
You know my thoughts.
You notice everything I do
and everywhere I go.

based on Psalm 139:1–3

Cuando hago oración

Jesús sabe lo que tengo en mi corazón, pero le gusta que se lo cuente yo.

Guía: Ahora que estamos en silencio ante la presencia de Dios, veamos nuestro propio corazón. ¿Qué hay en él que te gustaría compartir con Jesús ahora?

Escucha en silencio la respuesta de Jesús.

Oramos en gratitud por la presencia de Jesús en nuestra vida:

Todos: Gracias, Jesús, por tu amistad y tu amor. Ayúdame a seguirte de todo corazón. Amén.

amor

familia

amigos

recreo

escuela

Querido Dios:
Te doy gracias por escuchar lo que guardo en mi corazón. A ti te puedo contar cualquier cosa.
Te quiere, Heidi.

Prayer Leader: As we sit silently in God's presence, let's take a look into our own hearts. What is one thing in your heart that you would like to tell Jesus about now?

Let's listen quietly for Jesus' response.

In gratitude for Jesus' presence in our lives, we pray:

All: Thank you, Jesus, for your friendship and your love. Help me to follow you with my whole heart. Amen.

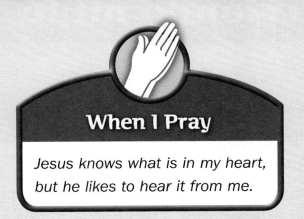

When I Pray

Jesus knows what is in my heart, but he likes to hear it from me.

love

family

friends

recess

school

Dear God,
Thank you for listening to what is in my heart. I can tell you anything.
Love, Heidi

Recuerdo lo que aprendo

- Jesús ve lo que hay en mi corazón.
- Puedo elegir entre lo bueno y lo malo.
- A veces me alejo de la ley de Dios.
- Jesús me perdona cuando me arrepiento de mis pecados. Dejo que su perdón llene mi corazón.
- Jesús siempre me da una nueva oportunidad.

Vivo lo que aprendo

Antes de tomar una decisión ...
    Me detengo.
    Pienso.
    Pido ayuda.
    Hago oración.

¿Qué hemos aprendido?

Comparto con mi familia

¿Cuándo necesitaste tú o un familiar tuyo una segunda oportunidad y la consiguieron? Compartan esas historias en familia.

Conozco estas palabras

decisión moral

pecado mortal

pecado venial

Oración final

Gracias, Jesús, por llamarme a ser tu discípulo. Ayúdame a seguir la ley de Dios.

Asegúrate de leer las páginas 1–3 de *Mi libro de la Reconciliación* para aprender más cosas.

Living My Faith

I Remember What I Learn

- Jesus sees into my heart.
- I can choose between what is right and what is wrong.
- Sometimes I turn away from God's law.
- Jesus forgives me when I am sorry for my sin. I let his forgiveness into my heart.
- Jesus always gives me another chance.

I Live What I Learn

Before I choose . . .

I stop.
I think.
I get help.
I pray.

What have we learned?

I Share with My Family

When did you or a family member need another chance and get it? Share stories with your family.

I Know These Words

moral choice

mortal sin

venial sin

Closing Prayer

Thank you, Jesus, for calling me to be your disciple. Help me to follow God's law.

Be sure to read pages 1–3 in your Reconciliation booklet to learn more.

Jesús nos sana

Tratar con amor

Mucha gente nos ama y se preocupa por nosotros. Piensa en ellos. Escribe sus nombres.

Brian Tomas Love.

A veces herimos a las personas que nos aman. ¿Qué podemos hacer cuando eso sucede?

Jesús, tú nos sanas. Ayúdame a decir "lo siento" cuando daño a los demás.

31

Chapter 4

Jesus Heals Us

Handle with Care

Many people love us and care about us. Think of some of them. Write their names.

_____

_____

_____

Sometimes we do things that hurt the people who love us. What can we do then?

Jesus, Healer, help me to say I'm sorry when I hurt others.

Sanado mediante el perdón

Un día Jesús estaba enseñando en una casa de un pueblito. Vinieron cuatro hombres cargando a un amigo que no podía caminar. Querían que su amigo viera a Jesús. Pero la casa estaba llena de gente. No podían ni siquiera entrar a la casa.

Entonces subieron a la azotea de la casa. Hicieron un agujero en el techo y bajaron por él a su amigo en una camilla hasta donde estaba Jesús. Jesús lo miró con amor. Vio el interior de su corazón y dijo: "Tus pecados te son perdonados".

Healed Through Forgiveness

One day, Jesus was teaching inside a house in a small town. Four men came to the house carrying their friend who could not walk. The men wanted to help their friend see Jesus. But the house was full. They could not get inside.

So the men climbed to the roof of the house. They broke through the roof and lowered the man on a mat to Jesus. Jesus looked at the man with love. He looked inside the man's heart and said, "Your sins are forgiven."

Lo que Jesús hizo enfureció a algunos de los que estaban allí. Decían que sólo Dios puede perdonar los pecados. Jesús les preguntó: "¿Qué es más fácil, perdonar los pecados de este hombre o decirle que se levante y camine?" Entonces Jesús le dijo al hombre que se levantara y caminara. El hombre hizo lo que Jesús le indicó. Todos se quedaron sorprendidos.

adaptado de Marcos 2:1–12

What Jesus said upset some of the people there. They said that only God could forgive sins. Jesus asked, "What is easier, forgiving this man's sins or telling him to get up and walk?" Then Jesus told the man to get up and walk. The man did as Jesus said. Everyone was amazed.

adapted from Mark 2:1–12

Jesús perdona nuestros pecados

Jesús perdonó los pecados del hombre que no podía caminar. Jesús también quiere perdonar nuestros pecados. Nos acercamos a Jesús en el sacramento de la Reconciliación para recibir el **perdón** de los pecados. En este sacramento **confesamos** nuestros pecados al sacerdote. Él nos perdona en nombre de Jesús. Recibimos de nuevo la gracia que habíamos perdido.

Jesús nos consuela mediante el sacramento de la Reconciliación. Él nos fortalece en nuestro caminar. Nos reconciliamos con Dios, con la Iglesia. Nos reconciliamos con las personas a las que hemos ofendido. Mediante este sacramento, la Iglesia celebra el don del perdón que nos dio Jesús.

Pienso en esto

Únicamente los obispos y sacerdotes pueden perdonar los pecados en nombre de Jesús.

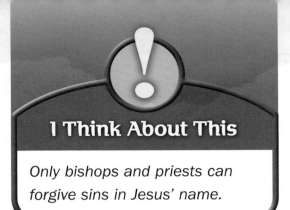

Jesus Forgives Our Sins

Jesus forgave the sins of the man who could not walk. Jesus wants to forgive our sins too. We come to Jesus for **forgiveness** in the Sacrament of Reconciliation. In this sacrament, we **confess** our sins to a priest. He forgives us in Jesus' name. The grace we have lost is given back to us.

In the Sacrament of Reconciliation, Jesus comforts us. He strengthens us on our journey. We are reconciled with God, with the Church, and with the people we have hurt. Through this sacrament, the Church celebrates Jesus' gift of forgiveness.

Necesitados del perdón

Traza un círculo alrededor de las palabras que indican que quieres ser perdonado.

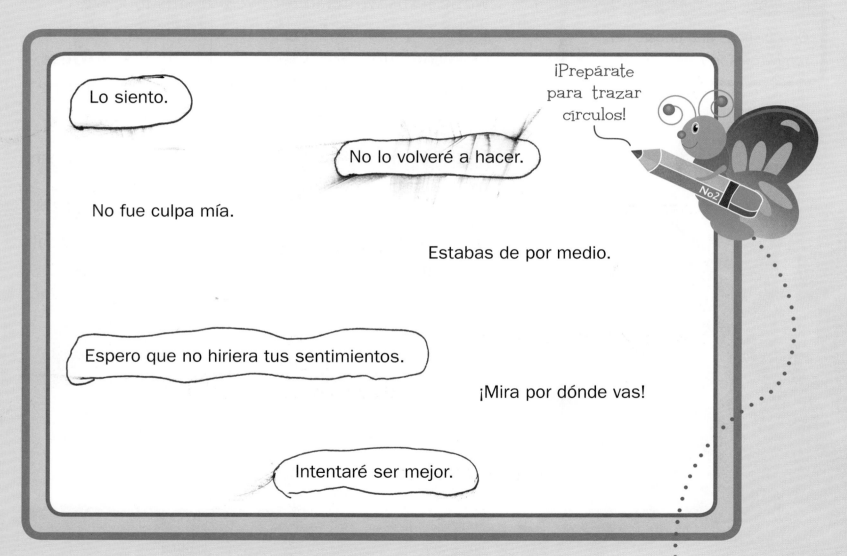

Lo siento.

No lo volveré a hacer.

No fue culpa mía.

Estabas de por medio.

¡Prepárate para trazar círculos!

Espero que no hiriera tus sentimientos.

¡Mira por dónde vas!

Intentaré ser mejor.

In Need of Forgiveness

Circle the sentences that show you want to be forgiven.

I'm sorry.

I won't do it again.

It wasn't my fault.

You were in my way.

I hope I didn't hurt your feelings.

Watch where you're going!

I'll try to do better.

Get ready to circle!

Celebrando el sacramento

Podemos celebrar el sacramento de la Reconciliación de diferentes maneras. Nos podemos reunir en privado con el sacerdote, en el confesionario. O nos podemos reunir con nuestra familia parroquial para una celebración comunitaria. Durante esta celebración también podemos confesar, en privado, nuestros pecados a un sacerdote. Lo celebremos de una manera u otra, el sacerdote es la única persona que escucha nuestros pecados.

Nos estamos preparando para recibir el sacramento de la Reconciliación. Lo celebraremos antes de recibir la Sagrada Comunión por primera vez.

Escucho la Palabra de Dios

Jesús dijo a sus apóstoles: "Cuando perdonen los pecados de alguien, estos quedarán perdonados".

adaptado de Juan 20:23

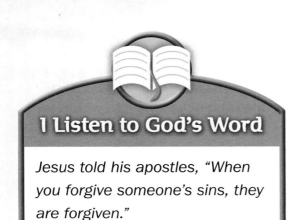

I Listen to God's Word

Jesus told his apostles, "When you forgive someone's sins, they are forgiven."

adapted from John 20:23

Celebrating the Sacrament

We can celebrate the Sacrament of Reconciliation in different ways. We can meet with the priest privately in the reconciliation room. Or we can gather with our parish family for a community celebration. At this celebration, we can also confess our sins to a priest in private. No matter which way we celebrate, only the priest and God hear our sins.

We are preparing now for the Sacrament of Reconciliation. We will celebrate it before we receive Holy Communion for the first time.

Dos opciones en el confesionario

Nos podemos reunir con el sacerdote en el confesionario. Entonces, podemos elegir la manera de confesar nuestros pecados. Tenemos dos opciones: nos podemos reunir con el sacerdote y sentarnos frente a frente; o nos podemos arrodillar y hablar con el sacerdote a través de la rejilla del confesionario.

Jesús nos enseñó acerca del perdón.

Reconciliation Room Choices

We can meet the priest in the reconciliation room.
Then we can choose how we want to confess our sins.
We can sit and meet with the priest face-to-face.
Or we can kneel and talk with the priest from
behind a screen.

Jesus taught us about forgiveness.

Orando acerca de mi día

Esta es una manera de orar respecto a mi día. Puedo usar esta oración todos los días para que me ayude a ser un mejor discípulo de Jesús.

Guía: Al santiguarnos juntos, recordemos que todos somos miembros de la familia de Dios.

Todos: En el nombre del Padre…

Guía:

Descubre lo que te hizo feliz

Piensa en tu día. ¿Qué te pasó a lo largo del día que te hizo feliz? ¿Fue la sonrisa de alguien, el sol resplandeciente o, a lo mejor, tu desayuno favorito? Cuéntale a Jesús las cosas por las que hoy estás agradecido.

Invoca al Espíritu Santo

Pídele al Espíritu Santo, con tus propias palabras, que te guíe a la hora de reflexionar y orar.

Detente y piensa

Cuando dedicamos algo de tiempo a reflexionar acerca de nuestro día, empezamos a notar cosas, como por ejemplo: las cosas que nos alegraron o entristecieron, si dedicamos tiempo para hablar con Dios, o cómo ayudamos o herimos a otras personas. Cuando nos detenemos un rato y pensamos en nuestro día, podemos compartir con Jesús nuestros sentimientos. Podemos darle gracias por las cosas buenas del día y pedirle ayuda para mejorar las que nos han ido mal.

Praying About My Day

Here is a way to pray about my day. I can use this prayer every day to help me live more and more as a follower of Jesus.

Prayer Leader: As we make the Sign of the Cross together, let's remember that we are all members of God's family.

All: In the name of the Father . . .

Prayer Leader:

Find the Happy Things

Think about your day so far. What happened that made you happy? Was it a smile, the sunshine, or maybe your favorite food for breakfast? Tell Jesus about the things you are grateful for today.

Pray to the Holy Spirit

Use your own words and ask the Holy Spirit to guide you as you think and pray.

Piensa detenidamente

Al reflexionar acerca de tu día, hazte estas dos preguntas:

¿Cuándo me sentí cerca de Dios?
¿Cuándo me sentí lejos de Dios?

Pide perdón

Dile a Dios que te arrepientes de las veces que te alejaste de él. Pídele que te perdone las veces que no te comportaste amorosamente con los demás.

Dale gracias a Dios

Pídele a Dios que te ayude a comportarte mejor el día de mañana.
Después, dale las gracias a Dios por su presencia en tu vida.

Guía: Concluyamos nuestra oración de la misma manera que comenzamos.

Todos: En el nombre del Padre, y del Hijo, y del Espíritu Santo. Amén.

Cuando celebro

Pienso en cómo mis acciones ayudan o hieren a la familia de Dios.

When I Celebrate

I think about how my actions helped or hurt the family of God.

Think It Over

As you think about your day, ask yourself two questions:

When did I feel close to God today?

When did I feel far away from God today?

Ask for Forgiveness

Tell God that you are sorry for the times you did not stay close to him. Ask him to forgive you for the times you did not act lovingly toward others.

Thank God

Ask God to help you to do better tomorrow.

Then thank God for his presence in your life.

Prayer Leader: Let's close our prayer as we began.

All: In the name of the Father, and of the Son, and of the Holy Spirit. Amen.

Viviendo mi fe

Recuerdo lo que aprendo

- Jesús perdonó los pecados del hombre que no podía caminar.
- Confieso mis pecados.
- El sacerdote me perdona en nombre de Jesús.
- Me reconcilio con Dios, la Iglesia y los demás.
- Puedo confesar mis pecados frente a frente o tras la rejilla del confesionario.

Vivo lo que aprendo

Le doy gracias a Dios porque me ama.
Le doy gracias a Dios por la gente que me ama.
Digo "lo siento" cuando hago algo malo.
Le agradezco a Jesús su amor y perdón.

No siempre es fácil pedir perdón, pero ¡nos sentimos muy bien cuando lo hacemos!

Comparto con mi familia

¿Cuándo celebraron por primera vez el sacramento de Reconciliación tus familiares y padrinos? Pídeles que compartan sus recuerdos de aquel día.

Conozco estas palabras

confesarse

perdón

Oración final

Gracias, Jesús, por el regalo de tu perdón.
Ayúdame a perdonar a quienes me ofenden.

Asegúrate de leer las páginas 4–5 de *Mi libro de la Reconciliación* para aprender más cosas.

Living My Faith

I Remember What I Learn

- Jesus forgave the sins of the man who couldn't walk.
- I confess my sins.
- The priest forgives me in Jesus' name.
- I am reconciled with God, with the Church, and with others.
- I can confess my sins face-to-face or from behind a screen.

I Live What I Learn

I thank God for loving me.
I thank God for the people who love me.
I say "I'm sorry" when I do something wrong.
I thank Jesus for his love and forgiveness.

Saying I'm sorry isn't always easy, but it sure feels good.

I Share with My Family

When did your family members and godparents first celebrate the Sacrament of Reconciliation? Ask them to share their memories.

I Know These Words

confess

forgiveness

Closing Prayer

Thank you, Jesus, for your gift of forgiveness. Help me forgive those who hurt me.

Be sure to read pages 4–5 in your Reconciliation booklet to learn more.

El Espíritu Santo nos guía

Bienvenidas calurosas

En nuestra vida, hay veces en que conocemos a personas por primera vez. Otras veces, hay familiares o amigos que se marchan durante un tiempo y luego regresan. ¿Te ha ocurrido alguna vez lo siguiente?

✗ Hay una familia nueva en tu barrio.

____ Tienes un compañero nuevo.

✗ Tus abuelitos han venido a visitarlos.

Comparte con los demás lo que hiciste para darles la bienvenida.

Dios amoroso, ayúdame a recordar que tú siempre me darás la bienvenida.

Chapter 5

The Holy Spirit Guides Us

Warm Welcomes

Sometimes new people come into our lives. At other times, family or friends are gone for a while and then return. Has this ever happened to you?

_____ A new family moves into your neighborhood.

_____ A new student joins your class.

_____ Your grandparents come for a visit.

Share what you did to welcome them.

Loving God, help me to remember that you will always welcome me home.

41

Regresando a casa

Érase una vez un joven que quería irse de casa y viajar a muchos lugares. Le dijo a su papá: "Quiero que me des ahora el dinero que heredaría cuando te mueras". El papá se puso muy triste. Sin embargo, le dió el dinero a su hijo.

El muchacho se marchó muy lejos. Se gastó el dinero en fiestas y ropa cara. Al poco tiempo, ya no le quedaba nada de dinero y necesitaba trabajar.

Coming Home

There once was a young man who wanted to leave home and travel. He told his father, "You know the money that I would get when you die? I want it now!" The father was very sad. Still, he gave his son the money.

The young man went far away. He spent his money on fancy clothes and parties. Soon, he had nothing left and needed a job.

El único trabajo que encontró fue dando de comer a los cerdos. Pasaba hambre y era infeliz. Sabía que había tomado algunas malas decisiones y estaba arrepentido. El joven quería decirle a su papá que no estuvo bien el que se hubiera ido de su casa. Quería que su papá lo perdonara. Quería regresar a casa.

El papá extrañaba a su hijo. Un día, cuando el papá estaba mirando la carretera, lo vio venir. Corrió hacia él y lo abrazó. Le dio una túnica muy cara, un anillo de oro y unas sandalias nuevas. Entonces el papá dijo que se prepararan para una fiesta. Estaba muy contento porque su hijo había regresado.

adaptado de Lucas 15:11–24

The only work the young man could get was feeding pigs. He was hungry and unhappy. He knew he had made some bad choices, and he was sorry. The young man wanted to tell his father that he knew he was wrong to leave home. He wanted his father to forgive him. He wanted to go home.

The young man's father missed him. One day, as the father looked down the road, he saw his son coming. He ran to meet his son and hugged him. He gave him a fine robe, a gold ring, and new sandals. Then the father told everyone to get ready for a party. He was happy that his son had returned.

adapted from Luke 15:11–24

Una celebración del perdón

Dios, nuestro Padre, es como el papá del relato. Cuando pecamos, nos espera para que regresemos a él. Quiere que sepamos que él nos perdona. Nos quiere dar la bienvenida a casa mediante el sacramento de la Reconciliación. Este sacramento es una celebración del amor y el perdón de Dios.

Nuestra voz interior

La **conciencia** es una voz que nos habla en el interior de cada uno de nosotros. Nos ayuda a descubrir lo que Dios quiere que hagamos. Nos ayuda a distinguir entre el bien y el mal. Nos ayuda a darnos cuenta de las maneras en las que hemos pecado.

El Espíritu Santo nos ayuda a escuchar y seguir nuestra conciencia.

A Celebration of Forgiveness

God our Father is like the father in the story. When we sin, he waits for us to come home to him. He wants us to know he forgives us. He wants to welcome us back in the Sacrament of Reconciliation. This sacrament is a celebration of God's love and forgiveness.

Our Inner Voice

Conscience is a voice within each of us. It helps us know what God wants us to do. It helps us know the difference between right and wrong. It helps us know the ways we have sinned.

The Holy Spirit helps us listen to and follow our conscience.

El examen de conciencia

Necesitamos prepararnos antes de celebrar el sacramento de la Reconciliación. Examinamos nuestra conciencia.

Te presentamos a continuación una forma de examinar tu conciencia antes de ir a confesarte:

- Invoca al Espíritu Santo para que te ayude.
- Repasa los Diez Mandamientos y los Preceptos de la Iglesia.
- Piensa en los momentos en los que no te comportaste como un amoroso hijo o hija de Dios.
- Piensa acerca de los pecados que vas a confesar.

Cuando acabes de hacer el **examen de conciencia**, estás listo para confesarte.

Pienso en esto

El sacerdote nunca puede decir a nadie lo que escuchó durante la confesión. Esto es lo que se llama "sigilo sacramental".

Examination of Conscience

Before we celebrate the Sacrament of Reconciliation, we prepare ourselves. We examine our conscience.

Here is a way to examine your conscience before going to confession.

- Pray to the Holy Spirit for help.
- Review the Ten Commandments and the teachings of the Church.
- Think about the times you did not act as a loving child of God.
- Think about the sins you are going to confess.

After your **examination of conscience,** you are ready to go to confession.

I Think About This

The priest can never tell anyone what he has heard in confession. This is called the Seal of Confession.

Escucho la Palabra de Dios

Hemos sido reconciliados con Dios por medio de Jesús.

adaptado de Romanos 5:11

Ir a confesarse

Al empezar la confesión, el sacerdote nos da la bienvenida con la señal de la cruz. Nos invita a confiar en Dios, quien nos ama. Quizás leamos juntos una historia de la Biblia.

A continuación, confesamos nuestros pecados al sacerdote. Tenemos que confesar todos nuestros pecados mortales. También es bueno que confesemos nuestros pecados veniales.

El sacerdote nos orienta y nos da una **penitencia.** Esta consiste, a lo mejor, en decir una oración o realizar una buena obra. Cumplir la penitencia demuestra que queremos cambiar el mal que hemos hecho y que estamos preparados para cambiar nuestra forma de actuar.

El sacerdote nos pide que le digamos a Dios que estamos arrepentidos. Hacemos esto orando el Acto de contrición.

Going to Confession

At the beginning of our confession, the priest greets us with the Sign of the Cross. He invites us to trust in God who loves us. We may read a passage from the Bible together.

We then confess our sins to the priest. We must confess all our mortal sins. It is also good to confess our venial sins.

The priest talks with us and gives us our **penance.** This may be a prayer to pray or a good deed to do. We do our penance to show that we want to make up for what we have done wrong and that we are ready to change our way of acting.

The priest asks us to tell God we are sorry. We do this by praying the Act of Contrition.

I Listen to God's Word

Through Jesus Christ, we have been reconciled to God.

adapted from Romans 5:11

Cuando celebro

Sé que el perdón de Dios sana mi relación con él y con los demás. Me trae la paz.

El sacerdote es la única persona que nos puede dar la **absolución**, las palabras de perdón y paz. Nos dice: "Yo te absuelvo de tus pecados, en nombre del Padre, y del Hijo, y del Espíritu Santo".

Entonces termina nuestra celebración del sacramento. El sacerdote dice: "Vete en paz" y respondemos: "Amén".

Nos marchamos y cumplimos la penitencia que nos ha dado el sacerdote.

La Iglesia festeja con nosotros cuando celebramos el sacramento de la Reconciliación. Es como la fiesta que preparó el papá de la historia cuando dio la bienvenida a su hijo. Me siento consolado como se sintió el hijo. Se del amor que Dios me tiene. La gracia del sacramento nos ayuda a vivir en paz con Dios y con los demás.

The priest is the only one who can give us **absolution,** the words of forgiveness and peace. He says "I absolve you of your sins in the name of the Father, and of the Son, and of the Holy Spirit."

Our celebration of the sacrament is then finished. The priest says "Go in peace," and we answer "Amen."

We leave and do the penance the priest gave us.

The Church celebrates with us when we celebrate the Sacrament of Reconciliation. It is like the party the father had when he welcomed his son back home. I feel comforted like the son. I know God's love for me. The grace of the sacrament helps us to live in peace with God and with one another.

When I Celebrate

I know that God's forgiveness heals my relationship with him and with others. It brings me peace.

¿Sientes la alegría?

Todos: En el nombre del Padre, del Hijo, y del Espíritu Santo. Amén.

Guía: Alabemos a Dios, quien llena nuestra vida de alegría.

Todos: Te alabamos cantando con alegría.

Guía: Escuchemos nuevamente la historia del padre que perdona a su hijo.
(Regresando a casa, páginas 42–43).

Házte parte de la historia. Imagina que estás ayudando al joven a dar de comer a los cerdos. Es un trabajo muy duro. Ambos están muy sucios, cansados y hambrientos. ¿Qué se dicen entre ustedes?

Ustedes dos empiezan a caminar hacia su casa. Es un camino muy largo y están acalorados. El joven continúa pensando en qué le debería decir a su papá. Sabe que tomó malas decisiones y quiere ser perdonado.

Alegría para compartir

La alegría indica, sin duda, que Dios está con nosotros. Es un don del Espíritu Santo. Nada nos hace más felices que saber lo mucho que Dios nos ama. La alegría es para ser compartida. Cuando estamos llenos de alegría, podemos llevar esa alegría a los demás.

Joy to Share

Joy is a sure sign that God is with us. It is a gift from the Holy Spirit. Nothing brings us more joy than knowing how much God loves us. Joy is meant to be shared. When we are filled with joy, we can bring joy to others.

Can You Feel the Joy?

All: In the name of the Father, and of the Son, and of the Holy Spirit. Amen.

Prayer Leader: Praised be God who fills our lives with joy.

All: We sing to you with joy.

Prayer Leader: Let's listen once again to the story of the forgiving father.
(Coming Home, pages 42–43)

Place yourself in this story. Imagine that you are helping the young man feed the pigs. It's hard work. You're both very dirty, tired, and hungry. What do you say to each other?

The two of you begin to walk to his home. It's a long way, and you are hot. The young man keeps thinking about what he should say to his father. He knows he has made wrong choices and wants to be forgiven.

Ves que alguien los mira desde lejos. ¿Puedes ver quién es? Es el papá del muchacho. ¿Cómo te sientes al escucharlo gritar con alegría: "¡Mi hijo ha regresado a casa!"?

Con tus propias palabras, agradece a Dios su amor y su perdón.

Guía: Dios amoroso, tú nos buscas y esperas nuestro regreso. Tú siempre nos das la bienvenida con los brazos abiertos.

Te alabamos cantando con alegría.

Todos: En el nombre del Padre, del Hijo, y del Espíritu Santo. Amén.

Cuando hago oración

Puedo contar con la ayuda del Espíritu Santo.

You can see someone in the distance, watching. Can you tell who it is? It's the young man's father. How do you feel when you hear him shout with joy, "My boy is home"?

Use your own words to thank God for his love and forgiveness.

Prayer Leader: Loving God, you watch for us and wait for our return. You welcome us back with open arms.

We sing to you with joy.

All: In the name of the Father, and of the Son, and of the Holy Spirit. Amen.

When I Pray

I can count on the Holy Spirit to help me.

Recuerdo lo que aprendo

- Dios, nuestro Padre, quiere que le pida perdón.
- Celebro el perdón de Dios mediante el sacramento de la Reconciliación.
- Confieso mis pecados al sacerdote y recibo la absolución.
- Cumplo mi penitencia.
- Me siento en paz.

Vivo lo que aprendo

Confío en el amor y perdón de Dios.
Me arrepiento de haber pecado.
Confieso mis pecados y sé que he sido perdonado.

Vivo en paz.

Comparto con mi familia

¿Cuándo tuviste necesidad de la ayuda del Espíritu Santo en tu casa o en la escuela? Comparte con tu familia algunos de esos momentos.

Conozco estas palabras

absolución

conciencia

examen de conciencia

penitencia

Oración final

Dios amoroso, te doy gracias por el sacramento de la Reconciliación. Ayúdame a vivir en paz contigo y con todas las demás personas.

Asegúrate de leer las páginas 6–15 de *Mi libro de la Reconciliación* para aprender más cosas.

Living My Faith

I Remember What I Learn

- God our Father wants me to ask for forgiveness.
- I celebrate God's forgiveness in the Sacrament of Reconciliation.
- I confess my sins to the priest and receive absolution.
- I do my penance.
- I am at peace.

I Live What I Learn

I trust in God's love and forgiveness.
I am sorry when I sin.
I confess my sins and know I am forgiven.

I live in peace.

I Share with My Family

When did you need the Holy Spirit's help at home or at school? Name some times with your family.

I Know These Words

absolution

conscience

examination of conscience

penance

Closing Prayer

Loving God, thank you for the Sacrament of Reconciliation. Help me to live in peace with you and with everyone I meet.

Be sure to read pages 6–15 in your Reconciliation booklet to learn more.

Dios está siempre con nosotros

Perdido y encontrado

En el juego de las escondidas, ganamos cuando nadie nos encuentra. En otras ocasiones queremos que nos encuentren.

Si estamos en un lugar donde hay mucha gente y no podemos encontrar a nuestros papás, entonces, queremos que nos busquen. Si nos perdemos, queremos que alguien nos ayude. Estar perdidos puede causar miedo.

¿Te has perdido alguna vez? ¿Qué hiciste?

Dios, Padre nuestro, ayúdame a recordar que, si me pierdo, tú siempre me buscarás.

Chapter 6

God Is Always with Us

Lost and Found

In the game of hide-and-seek, we are winners when no one can find us. At other times, we want to be found.

If we're in a crowd and can't find our parents, we want them to look for us. If we lose our way, we want someone to help us. Being lost can be scary.

Was there ever a time when you were lost? What did you do?

God our Father, help me to remember that you will always look for me when I am lost.

51

El buen pastor

Ser pastor no es un trabajo fácil. El pastor tiene que vigilar a las ovejas para que no se alejen demasiado. Durante el día, el pastor las lleva a las fuentes de agua para que beban y a las praderas para que coman. Por la noche, el pastor permancece despierto para proteger a su rebaño de cualquier animal que pueda hacerle daño.

The Good Shepherd

Being a shepherd is not an easy job. The shepherd watches the sheep so that they don't wander off. During the day, he leads them to water for drinking and to grassy areas for eating. At night, he stays awake to guard his flock of sheep from animals that might harm them.

Jesús contó la historia de un pastor que tenía 100 ovejas. Un día, una de ellas se perdió. El pastor estaba preocupado, así que dejó a las otras 99 en los cerros y se marchó en busca de la oveja perdida. Buscó por todas partes. Cuando por fin la encontró, se la llevó de vuelta a donde lo esperaba el resto de la ovejas. El pastor estaba muy contento. Estaba tan contento que quería cantar y bailar. Y así lo hizo.

adaptado de Mateo 18:12–14

Jesus tells the story of a shepherd who had 100 sheep. One day he saw that one was missing. The worried shepherd left the other 99 sheep in the hills and went in search of the one that was lost. He looked everywhere. When at last he found the lost sheep, he carried it back to where the other sheep waited. The shepherd was very happy. He was so happy that he felt like skipping and dancing. So he did.

adapted from Matthew 18:12–14

El amor eterno de Dios

El pastor cuida de todo su rebaño. También Dios cuida de todas las personas. Quiere que todos sepamos que él nos ama. Hay veces que nos alejamos del amor de Dios. Pecamos. Nos alejamos de Dios, como la oveja que se perdió.

Dios nos ama incluso cuando nos alejamos de él y pecamos. Él sale en nuestra búsqueda. Jesús nos dice que Dios, nuestro Padre, nos busca al igual que el pastor busca a la oveja perdida. Dios, como el pastor, se alegra cuando nos encuentra.

Escucho la Palabra de Dios

Peco cuando hago lo que sé que no debería hacer. Peco cuando no hago lo que sé que debería hacer.

adaptado de Romanos 7:19

God's Everlasting Love

The shepherd cares for his whole flock. God also cares for everyone. He wants all of us to know we are loved. Sometimes we turn away from God's love. We sin. We wander away from God like sheep that get lost.

God loves us even when we wander away and sin. He comes searching for us. Jesus says that God our Father searches for us like the shepherd searches for his lost sheep. Like the shepherd, God is happy when we are found.

I Listen to God's Word

I sin when I do what I know I shouldn't. I sin when I don't do what I know I should.

adapted from Romans 7:19

El camino a casa

Ayuda a la oveja perdida a encontrar su camino de regreso al rebaño.

The Path Home

Help the lost sheep find its way back to the flock.

Pienso en esto

Dios siempre está dispuesto a perdonarme, no importa las veces que peque.

Regresar de nuevo

Cuando nos perdemos y terminamos pecando, Dios nos llama para que regresemos a él. Dios nos da otra oportunidad. Podemos confesarnos. Podemos ir en cualquier momento y tan a menudo como sea necesario. El sacerdote puede ayudarnos a aprender formas de cambiar y ser mejores.

El sacramento de la Reconciliación nos ayuda a estar más cerca de Dios, de la Iglesia y de nuestros amigos. Nos ayuda a vivir en paz.

Nuestra vida con Dios es como un viaje muy largo. Dios nos acompaña durante todo el camino. Dios está con nosotros, incluso cuando nos perdemos. Dios nos ayuda.

Returning Again

When we lose our way and wander into sin, God calls us back. He gives us another chance. We can go to confession. We can go any time and as many times as we need to. The priest can help us learn ways to change and do better.

The Sacrament of Reconciliation helps us to be closer to God, to the Church, and to our friends. It helps us to live in peace.

Our life with God is like a long journey. He is with us every step of the way. Even if we get lost, God is with us. We have his help.

I Think About This

No matter how often I sin, God is ready to forgive me.

Más ayuda para el camino

Sabemos que no caminamos solos durante nuestro viaje de fe. Dios esta con nosotros. Nuestra comunidad también está con nosotros.

Mira el boletín parroquial y escribe en las líneas siguientes la información correspondiente. Date cuenta de cómo tu parroquia te ayuda a crecer en tu fe y en tu amor a Dios. ¡Disfruta del viaje!

Cuando celebro

Tengo la certeza de que el amor de Dios es para siempre.

¿Te puedo ayudar?

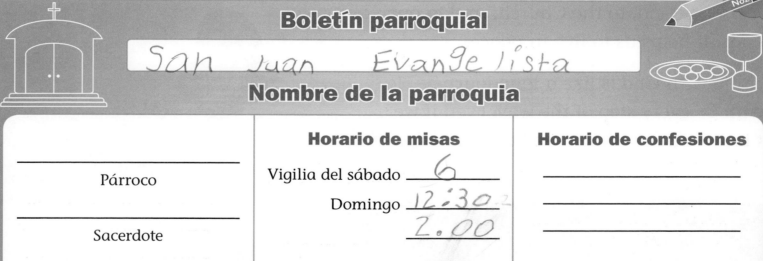

Boletín parroquial

San Juan Evangelista

Nombre de la parroquia

	Horario de misas	Horario de confesiones
_____ Párroco	Vigilia del sábado ___6___	_____
_____ Sacerdote	Domingo __12:30__ __2.00__	_____
_____ Sacerdote		_____
_____ Diácono	Días de fiesta _____ _____	**Horario de la celebración comunitaria de la Reconciliación**
_____ Diácono	Entre semana _____ _____	_____ _____

57

More Help for the Journey

We know that we don't travel alone on our faith journey. God is with us. Our parish community is with us too.

Check your church bulletin and fill in the spaces below. See how your parish helps you grow in your faith and love of God. Enjoy the journey!

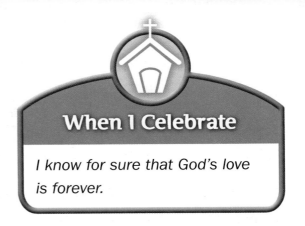

PARISH BULLETIN

Name of Church

_____ Pastor

_____ Priest

_____ Priest

_____ Deacon

_____ Deacon

Mass Times

Saturday Vigil _____

Sunday _____

_____

_____

Holy Days _____

_____

_____

Weekdays _____

_____

Reconciliation Times

_____

_____

Communal Celebration Times

_____

_____

Can I help?

Una y otra vez

Guía: Bendito seas, Dios, nuestro Buen Pastor, que nos amas y quieres que estemos junto a ti.

Todos: Bendito seas por siempre, Señor.

Guía: Oremos juntos, invocando la ayuda de Dios y dándole gracias por su ternura y amor.

Respuesta: Señor, guíame por tus caminos.

La gracia que necesitamos

Cuando nos alejamos, como la oveja perdida, Dios es el Buen Pastor que sale a buscarnos. Nos espera pacientemente. Se alegra con nosotros cada vez que regresamos a él. El sacramento de la Reconciliación nos da la gracia que necesitamos para regresar a Dios cada vez que nos alejamos de él.

The Grace We Need

When we wander away like lost sheep, God is the Good Shepherd who comes looking for us. He waits for us with patience. He rejoices with us each time we return to him. The Sacrament of Reconciliation gives us the grace we need to return to God whenever we wander away from him.

Over and Over Again

Prayer Leader: Praise be to God, our Good Shepherd, who loves us and wants us to stay close to him.

All: Blessed be God forever!

Prayer Leader: Let us pray together, asking God's help and thanking him for his kindness and love.

Response: Teach me your ways, O Lord.

Guía: Enséñame tus caminos
y ayúdame a seguirlos;
guíame con tu verdad
y enséñame.

Respuesta: Señor, guíame por tus caminos.

Guía: Tú me proteges,
siempre puedo confiar en tí.
Por favor, Señor, ayúdame a recordar que
tú siempre eres paciente y bueno.

Respuesta: Señor, guíame por tus caminos.

adaptado del Salmo 25

Todos: Dios de amor, aunque pecamos una y
otra vez, tú siempre nos esperas para darnos la
bienvenida. Danos tu amor y tu gracia. Te lo
pedimos en nombre de Jesucristo, hijo tuyo y
Señor nuestro. Amén.

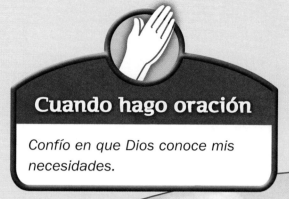

Cuando hago oración

Confío en que Dios conoce mis necesidades.

When I Pray

I can trust that God knows what I need.

Prayer Leader: Show me your paths
and help me to follow;
guide me by your truth
and teach me.

Response: Teach me your ways, O Lord.

Prayer Leader: You keep me safe,
I always trust you.
Please, Lord, help me remember,
you are always patient and kind.

Response: Teach me your ways, O Lord.

adapted from Psalm 25

All: God of love, even though we sin over and over again, you are always waiting to welcome us home. Give us your love and your grace. We ask this in Jesus' name. Amen.

Recuerdo lo que aprendo

- Dios es como el pastor que busca a su oveja perdida.
- Nosotros, parecidos a las ovejas, continuamos alejándonos de Dios. Pecamos.
- Dios nos ofrece el perdón mediante el sacramento de la Reconciliación.
- El sacramento nos ayuda a acercarnos a Dios.
- Dios está con nosotros a lo largo del camino de nuestra vida.

Vivo lo que aprendo

Voy a confesarme cada vez que lo necesito.
Intento ser mejor persona.
Recuerdo que Dios camina a mi lado.

Comparto con mi familia

Juntos, como familia, den gracias a Dios por el don de su amor. ¿Cómo pueden darle gracias por este don?

¡Buen trabajo!

Oración final

Dios amoroso, te doy gracias porque siempre me das una nueva oportunidad. Ayúdame a regresar a tu lado cada vez que me aleje de ti.

Asegúrate de leer las páginas 16–24 de *Mi libro de la Reconciliación* para aprender más cosas.

Living My Faith

I Remember What I Learn

- God is like the shepherd searching for his lost sheep.
- Like sheep, we continue to wander away. We sin.
- God calls us to forgiveness in the Sacrament of Reconciliation.
- The sacrament helps us to be closer to God.
- God is with us on our journey in life.

I Share with My Family

As a family, thank God for his gift of love. What are some ways you can thank him for this gift?

I Live What I Learn

I go to confession whenever I need to.
I try to do better.
I remember that God walks with me.

Good Job!

Closing Prayer

Thank you, loving God, for always giving me another chance. Help me to return to you when I wander away.

Be sure to read pages 16–24 in your Reconciliation booklet to learn more.

Vivo mi fe

Me guían en la fe

El mandamiento principal

La gente le preguntó a Jesús: "¿Cuál es el mandamiento más importante?" Jesús contestó: "Primero, ama a Dios. Ámalo con tu corazón, tu alma y tu mente. El segundo es similar: Ama a tu prójimo tanto como te amas a ti mismo" (adaptado de Mateo 22:37–39).

El mandamiento nuevo

Antes de su muerte en la cruz, Jesús dio a sus discípulos un mandamiento nuevo que resume la enseñanza de toda su vida: "Ámense los unos a los otros, como yo los he amado" (adaptado de Juan 13:34).

I Live My Faith

I Am Guided in My Faith

The Great Commandment

People asked Jesus, "What is the most important commandment?" Jesus said, "First, love God. Love him with your heart, soul, and mind. The second is like it: Love your neighbor as much as you love yourself." (adapted from Matthew 22:37–39)

The New Commandment

Before his death on the cross, Jesus gave his disciples a new commandment: "Love one another. As I have loved you, so you also should love one another." (adapted from John 13:34)

Los Diez Mandamientos

Dios nos dio los Diez Mandamientos.
Nos ayudan a hacer el bien y evitar el mal.

Aprendo la ley de Dios

1. Amarás a Dios sobre todas las cosas.
2. No tomarás el nombre de Dios en vano.
3. Santificarás las fiestas.
4. Honrarás a tu padre y a tu madre.
5. No matarás.
6. No cometerás actos impuros.
7. No robarás.
8. No dirás falso testimonio ni mentirás.
9. No consentirás pensamientos ni deseos impuros.
10. No codiciarás los bienes ajenos.

Sigo la ley de Dios

1. Ama a Dios más que a cualquier otra cosa.
2. Usa el nombre de Dios con respeto.
3. Haz del domingo un día de oración y descanso.
4. Respeta a quienes cuidan de ti.
5. Trata con respeto toda vida humana.
6. Respeta la vida matrimonial.
7. Guarda sólo lo que te pertence a ti.
8. Di la verdad. No hables mal sobre otras personas.
9. Respeta a tus vecinos y amigos.
10. Sé agradecido cuando tus necesidades sean atendidas.

The Ten Commandments

God gave us the Ten Commandments.
They help us do good and avoid evil.

I Learn God's Laws

1. I am the Lord your God; you shall not have strange gods before me.

2. You shall not take the name of the Lord your God in vain.

3. Remember to keep holy the Lord's Day.

4. Honor your father and your mother.

5. You shall not kill.

6. You shall not commit adultery.

7. You shall not steal.

8. You shall not bear false witness against your neighbor.

9. You shall not covet your neighbor's wife.

10. You shall not covet your neighbor's goods.

I Follow God's Laws

1. Love nothing more than God.

2. Use God's name with reverence.

3. Keep Sunday a day of prayer and rest.

4. Respect those who care for you.

5. Treat all human life with respect.

6. Respect married life.

7. Keep only what belongs to you.

8. Tell the truth. Do not spread gossip.

9. Respect your neighbors and friends.

10. Be grateful when your needs are met.

Preceptos de la Iglesia

Los Preceptos son unas leyes especiales de la Iglesia. Los Preceptos dicen que tenemos que:

1. Participar en la misa todos los domingos y fiestas de guardar.

2. Confesarnos por lo menos una vez al año.

3. Comulgar por lo menos una vez al año durante la Pascua.

4. Ayunar y guardar abstinencia cuando lo manda la Iglesia.

5. Ayudar a la Iglesia en sus necesidades.

Días de precepto para los Estados Unidos

- 1° de enero—Santa María, Madre de Dios.
- 40 días despés de la Pascua o Séptimo Domingo de Pascua—La Ascensión del Señor.
- 15 de agosto—La Asunción de María al cielo.
- 1° de noviembre—Todos los Santos.
- 8 de diciembre—La Inmaculada Concepción de Santa María Virgen.
- 25 de diciembre—Natividad de Nuestro Señor Jesucristo.

Holy Days of Obligation in the United States are

- January 1—Mary, the Mother of God

- 40 days after Easter or the Seventh Sunday of Easter—Ascension of the Lord

- August 15—Assumption of the Blessed Virgin Mary

- November 1—All Saints

- December 8—Immaculate Conception of the Blessed Virgin Mary

- December 25—Nativity of the Lord

Precepts of the Church

The Precepts are special laws of the Church. They tell us to

1. participate in Mass on Sundays and Holy Days of Obligation.

2. confess serious sin at least once a year.

3. receive Holy Communion at least once a year during the Easter season.

4. observe the days of fast and abstinence.

5. provide for the needs of the Church.

Las Bienaventuranzas

Las Bienaventuranzas son las enseñanzas de Jesús en el Sermón de la Montaña (Mateo 5:1–10). Jesús nos dice cuales serán nuestras recompensas por haber sido fieles seguidores suyos.

Aprendo las Bienaventuranzas

Dichosos los pobres en el espíritu, porque de ellos es el reino de los cielos.

Dichosos los afligidos, porque Dios los consolará.

Dichosos los humildes, porque heredarán la tierra.

Dichosos los que tienen hambre y sed de hacer la voluntad de Dios, porque Dios los saciará.

Dichosos los misericordiosos, porque Dios tendrá misericordia de ellos.

Dichosos los limpios de corazón, porque ellos verán a Dios.

Dichosos los que construyen la paz, porque Dios los llamará hijos suyos.

Dichosos los perseguidos por hacer la voluntad de Dios, porque de ellos es el reino de los cielos.

Vivo las Bienaventuranzas

Soy dichoso cuando sé que no puedo hacer nada sin la ayuda de Dios.

Soy dichoso cuando consuelo a los tristes o a quienes sufren dolor.

Soy dichoso cuando trato a los demás con paciencia y bondad.

Soy dichoso cuando trato a todas las personas con justicia y cuando comparto lo que tengo con los necesitados.

Soy dichoso cuando perdono a los demás y trato a todos con bondad.

Soy dichoso cuando coloco a Dios y sus leyes como lo más importante de mi vida.

Soy dichoso cuando hago todo lo posible para estar en paz conmigo mismo y con los demás.

Soy dichoso cuando digo y hago lo que sé es correcto, incluso cuando los demás no piensen así.

The Beatitudes

The Beatitudes are the teachings of Jesus in the Sermon on the Mount.
(Matthew 5:1–10) Jesus tells us the rewards that will be ours as his faithful followers.

I Learn the Beatitudes

Blessed are the poor in spirit, for theirs is the kingdom of heaven.

Blessed are they who mourn, for they will be comforted.

Blessed are the meek, for they will inherit the land.

Blessed are they who hunger and thirst for righteousness, for they will be satisfied.

Blessed are the merciful, for they will be shown mercy.

Blessed are the clean of heart, for they will see God.

Blessed are the peacemakers, for they will be called children of God.

Blessed are they who are persecuted for the sake of righteousness, for theirs is the kingdom of heaven.

I Live the Beatitudes

I am blessed when I know that I can do nothing without God's help.

I am blessed when I comfort those who are sorrowful or in pain.

I am blessed when I treat others with patience and gentleness.

I am blessed when I treat everyone fairly and share what I have with those in need.

I am blessed when I forgive others and treat everyone with kindness.

I am blessed when I put God and his laws first in my life.

I am blessed when I do my best to be at peace within myself and with others.

I am blessed when I speak and do what I know is right even when others do not.

Me preparo para la Reconciliación

Tomar buenas decisiones

El Espíritu Santo nos ayuda a tomar buenas decisiones. También recibimos ayuda de los Diez Mandamientos y de la gracia que recibimos en los sacramentos. Las enseñanzas de la Iglesia y otros cristianos también nos ayudan.

Para estar seguros de que una decisión es buena, hago lo siguiente:

1. Me detengo antes de actuar.

2. Reflexiono acerca de los Diez Mandamientos.

3. Pido la ayuda de mis padres, mi catequista, un diácono o de un sacerdote.

4. Invoco al Espíritu Santo.

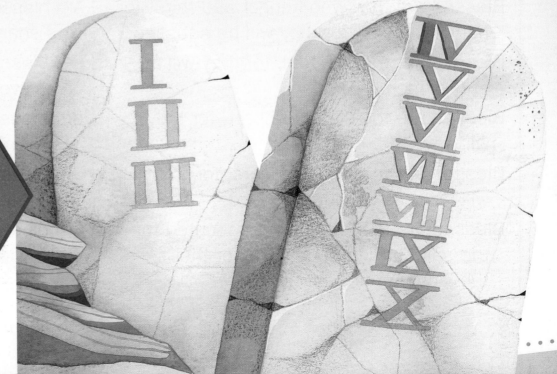

Me detengo antes de actuar

I Prepare for Reconciliation

Making Good Choices

The Holy Spirit helps us make good choices. We also get help from the Ten Commandments and the grace of the sacraments. The teachings of the Church and other Christians help us too.

To make sure a choice is a good one, this is what I do:

1. I stop before I act.

2. I think about the Ten Commandments.

3. I ask for help from my parents, my catechist, a deacon, or a priest.

4. I pray to the Holy Spirit.

I STOP before I act.

El examen de conciencia

Un examen de conciencia es una manera de reflexionar acerca de cómo he dañado mi relación con Dios y con las demás personas.

Mi relación con Dios

- ¿Me acuerdo de orar todos los días?

- ¿Presto atención durante la misa y participo en ella?

- ¿Uso irrespetuosamente el nombre de Dios o de Jesús cuando me molesto?

Examination of Conscience

An examination of conscience is a way of thinking about how I have hurt my relationships with God and with others.

My Relationship with God

- Do I remember to pray each day?
- Do I pay attention and take part at Mass?
- Do I use God's name or Jesus' name without respect or when I am angry?

Mi relación con mi familia, amigos y vecinos

- ¿Obedezco a mis padres y maestros?

- ¿Copio la tarea de mis compañeros?

- ¿Me divierto a costa de los demás?

- ¿Digo mentiras?

- ¿Me burlo de los demás?

- ¿Obedezco las reglas que tengo en mi casa para usar la computadora?

- ¿Peleo en la casa o en la escuela?

- ¿Cuido de mis posesiones y de las de los demás?

- ¿Regreso en buen estado las cosas que pido prestadas?

My Relationships with Family, Friends, and Neighbors

- Do I obey my parents and teachers?
- Do I copy the homework of others?
- Do I bully others?
- Do I tell lies?
- Do I make fun of others?
- Do I follow rules about using the computer at home?
- Do I fight at home or on the playground?
- Do I take care of my belongings and those of others?
- Do I return things that I borrow in good condition?

Celebro la Reconciliación

Rito de la Reconciliación individual

Después del examen de conciencia, estoy listo para confesarme.

1. **El sacerdote me saluda.**

   El sacerdote me da la bienvenida y juntos hacemos la señal de la cruz. Me invita a que confíe en Dios, quien me ama.

2. **Leemos la Palabra de Dios.**

   Puede ser que el sacerdote lea en voz alta un pasaje de la Biblia o que me invite a mi a leerlo.

3. **Le digo mis pecados al sacerdote.**

   El sacerdote me ayuda y me aconseja. A continuación, me asigna una penitencia.

I Celebrate Reconciliation

The Individual Rite of Reconciliation

After my examination of conscience, I am ready to go to confession.

1. I am greeted by the priest.

The priest welcomes me, and we pray the Sign of the Cross. He invites me to trust in God who loves me.

2. We read the Word of God.

The priest may read aloud a passage from the Bible, or he may invite me to read it.

3. I tell my sins to the priest.

He helps or counsels me. Then he gives me a penance.

4. Le pido a Dios su perdón.

Expreso mi arrepentimiento por los pecados que he cometido. Rezo el Acto de contrición u otra oración de arrepentimiento.

5. Recibo la absolución del sacerdote.

El sacerdote me absuelve de mis pecados en nombre de Jesús.

6. Le doy gracias a Dios y me marcho en paz.

El sacerdote y yo damos gracias a Dios por su amor y misericordia. A continuación el sacerdote dice: "Vete en paz". Me marcho y cumplo, lo antes posible, la penitencia que me asignó el sacerdote.

4. I ask for God's pardon.

I express sorrow for my sins. I pray an Act of Contrition or another prayer of sorrow.

5. I receive absolution from the priest.

The priest absolves me from my sins in Jesus' name.

6. I give thanks to God and go in peace.

The priest and I thank God for his love and mercy, and then the priest says "Go in peace." I leave and do the penance he gave me as soon as possible.

Rito de la Reconciliación general con confesión individual

Cuando celebro el sacramento de la Reconciliación con mi familia parroquial, esto es lo que hago:

1. Me reúno con la comunidad parroquial.

Me uno al sacerdote y a todos los que están reunidos mediante un canto y una oración inicial.

2. Escucho la Palabra de Dios.

Escucho atentamente las lecturas de la Sagrada Escritura. Puede ser una lectura de uno de los Evangelios o varias lecturas con un salmo entre medio. A continuación, escucho la homilía para que me ayude a entender la Palabra de Dios.

The Communal Rite of Reconciliation

When I celebrate the Sacrament of Reconciliation with my parish community, this is what I do.

1. **I gather with the parish community.**
   I join with the priest and all those gathered in singing a hymn and praying an opening prayer.

2. **I listen to the Word of God.**
   I listen carefully to the readings from Scripture. There may be a reading from one of the Gospels or several readings with a psalm in between. Then I listen to the homily to help me understand God's Word.

3. **Examino mi conciencia, reconozco mi pecaminosidad y rezo el Padrenuestro.**

   Me uno a la comunidad mediante un examen de conciencia. El sacerdote o el diácono nos invita a expresar, en oración, nuestra pecaminosidad. A continuación, rezamos en voz alta, todos juntos, el Padrenuestro.

4. **Confieso mis pecados, recibo una penitencia y la absolución.**

   Espero mi turno para hablar con un sacerdote. A continuación, confieso mis pecados. El sacerdote me impone una penitencia. Él me absuelve de mis pecados.

5. **Doy gracias a Dios y me marcho en paz.**

   Cuando las confesiones individuales han terminado, me uno a la comunidad mediante una oración de alabanza y gratitud a Dios. Entonces el sacerdote nos bendice y nos despide en paz.

3. I examine my conscience, admit my sinfulness, and pray the Lord's Prayer.

I join the community in an examination of conscience.
The priest or deacon invites us to express our sinfulness
in prayer. Then we all pray the Lord's Prayer aloud.

4. I confess my sins and receive a penance and absolution.

I wait for my turn to talk with a priest. Then I confess my sins.
The priest gives me a penance. He absolves me from my sins.

5. I give thanks to God and go in peace.

When individual confessions are over, I join the community in a
prayer of praise and thanks to God. Then the priest blesses us
and dismisses us in peace.

Recito estas oraciones

La señal de la cruz

En el nombre del Padre,
del Hijo, y del Espíritu Santo.
Amén.

Padrenuestro

Padre nuestro, que estás en el cielo,

santificado sea tu nombre;

venga a nosotros tu reino;

hágase tu voluntad en la tierra como en el cielo.

Danos hoy nuestro pan de cada día;

perdona nuestras ofensas,

como también nosotros perdonamos

a los que nos ofenden;

no nos dejes caer en la tentación,

y líbranos del mal.

Amén.

I Pray These Prayers

Sign of the Cross

In the name of the Father,
and of the Son,
and of the Holy Spirit.
Amen.

Lord's Prayer

Our Father, who art in heaven,
hallowed be thy name;
thy kingdom come,
thy will be done
on earth as it is in heaven.
Give us this day our daily bread,
and forgive us our trespasses,
as we forgive those who trespass against us;
and lead us not into temptation,
but deliver us from evil.
Amen.

Avemaría

Dios te salve, María; llena eres de gracia,
el Señor es contigo;
bendita tú eres entre todas las mujeres,
y bendito es el fruto de tu vientre, Jesús.
Santa María, madre de Dios,
ruega por nosotros, pecadores,
ahora y en la hora de nuestra muerte.
Amén.

Gloria al Padre

Gloria al Padre,
y al Hijo,
y al Espíritu Santo.

Como era en el principio,
ahora y siempre,
por los siglos de los siglos.
Amén.

Hail Mary

Hail Mary, full of grace,
the Lord is with you.
Blessed are you among women,
and blessed is the fruit of your womb, Jesus.
Holy Mary, Mother of God,
pray for us sinners,
now and at the hour of our death.
Amen.

Glory Be to the Father

Glory be to the Father,
and to the Son,
and to the Holy Spirit.
As it was in the beginning,
is now, and ever shall be,
world without end.
Amen.

Acto de contrición

Dios mío,
me arrepiento de todo corazón de todo lo malo
   que he hecho
y de todo lo bueno que he dejado de hacer,
porque pecando te he ofendido a ti,
que eres el sumo bien
y digno de ser amado sobre todas las cosas.
Propongo firmemente, con tu gracia,
cumplir la penitencia,
no volver a pecar
y evitar las ocasiones de pecado.
Perdóname, Señor,
por los méritos de la pasión
de nuestro Salvador Jesucristo.
Amén.

Acto de contrición (Señor mío, Jesucristo)

Señor mío Jesucristo,
Dios y hombre verdadero,
Creador, Padre y Redentor mío.
Por ser tú quien eres, Bondad infinita,
y porque te amo sobre todas las cosas,
me pesa de todo corazón haberte ofendido.
También me pesa que puedas castigarme
con las penas del infierno.
Ayudado de tu divina gracia
propongo firmemente nunca más pecar,
confesarme y cumplir la penitencia que me
   fuera impuesta.
Amén.

Palabras de absolución que pronuncia el sacerdote

Dios, padre misericordioso,
que reconcilió al mundo consigo
por la muerte y la resurrección de su Hijo
y envió al Espíritu Santo para el perdón de
   los pecados,
te conceda, por el ministerio de la Iglesia,
el perdón y la paz.
Y yo te absuelvo de tus pecados,
en el nombre del Padre, y del Hijo,
y del Espíritu Santo.

Act of Contrition

My God,
I am sorry for my sins with all my heart.
In choosing to do wrong
and failing to do good,
I have sinned against you
whom I should love above all things.
I firmly intend, with your help,
to do penance,
to sin no more,
and to avoid whatever leads me to sin.
Our Savior Jesus Christ
suffered and died for us.
In his name, my God, have mercy.

Act of Contrition [short form]

O my God, I am very sorry
for all my sins, because they
displease you, who are all good
and deserving of all my love.
With your help, I will sin no more.
Amen.

Words of Absolution Spoken by the Priest

God, the Father of mercies,
through the death and resurrection of
  his Son
has reconciled the world to himself
and sent the Holy Spirit among us
for the forgiveness of sins;
through the ministry of the Church
may God give you pardon and peace,
and I absolve you from your sins
  in the name of the Father, and of
  the Son, and of the Holy Spirit.
Amen.

Yo, pecador

Yo confieso ante Dios todopoderoso
y ante ustedes, hermanos,
que he pecado mucho
de pensamiento, palabra, obra y omisión.
Por mi culpa, por mi culpa, por mi gran culpa.
Por eso ruego a santa María, siempre Virgen,
a los ángeles, a los santos
y a ustedes, hermanos,
que intercedan por mí ante Dios,
nuestro Señor.

Oración al Espíritu Santo

Ven, Espíritu Santo, llena los corazones de
    tus fieles,
y enciende en ellos el fuego de tu amor.
Envía Señor tu Espíritu, y todo será de
    nuevo creado,
y renovarás la faz de la tierra.
Señor Dios,
que has instruido e iluminado
los corazones de tus fieles
con la luz del Espíritu Santo,
concédenos que,
guiados por este mismo Espíritu,
saboreemos el bien
y gocemos siempre de sus divinos consuelos.
Por Cristo, nuestro Señor,
Amén.

Confession of Sin

I confess to almighty God
and to you, my brothers and sisters,
that I have greatly sinned,
in my thoughts and in my words,
in what I have done and in what I have
  failed to do,

  [*And, striking their breast, they say:*]
through my fault, through my fault,
through my most grievous fault;
therefore I ask blessed Mary ever-Virgin,
all the Angels and Saints,
and you, my brothers and sisters,
to pray for me to the Lord our God.

Prayer to the Holy Spirit

Come, Holy Spirit, fill the hearts of
  your faithful.
And kindle in them the fire of your love.
Send forth your Spirit and they shall
  be created.
And you will renew the face of the earth.

Let us pray.
Lord,
by the light of the Holy Spirit
you have taught the hearts of your faithful.
In the same Spirit
help us to relish what is right
and always rejoice in your consolation.
We ask this through Christ our Lord.
Amen.

Conozco estas palabras

Capítulo 1

gracia: [grace] don que Dios nos ha dado sin merecerlo. La *gracia* nos llena de la vida divina y nos hace sus amigos.

pecado original: [original sin] resultado de la decisión de Adán y Eva de desobedecer a Dios. Necesitamos recibir la gracia santificante en el Bautismo para ser liberados del *pecado original.*

reconciliar: [reconcile] volver a estar llenos de la gracia de Dios al confesar nuestros pecados en el sacramento de la Reconciliación. Jesús vino para *reconciliar*nos con Dios.

Salvador: [Savior] Jesús, el Hijo de Dios, que se hizo hombre para que seamos de nuevo amigos de Dios. El nombre de Jesús significa "Dios salva". Jesús es el *Salvador* que Dios envió para liberar al mundo del pecado original.

tentación: [temptation] pensamiento o sentimiento que nos puede llevar a desobedecer a Dios. La *tentación* puede surgir tanto dentro como fuera de nosotros mismos.

Baptism
Bautismo

Capítulo 2

Bautismo: [Baptism] sacramento que nos libera del pecado original y que nos da una nueva vida en Jesucristo, por medio del Espíritu Santo. El *Bautismo* es el primero de los tres sacramentos de iniciación, mediante los cuales nos convertimos en miembros plenos de la Iglesia. Los otros dos sacramentos de iniciación son la Confirmación y la Eucaristía.

I Know These Words

Chapter

reconcile
reconciliar

grace: [gracia] the gift of God given to us without our earning it. *Grace* fills us with God's life and makes us his friends.

original sin: [pecado original] the result of the choice that Adam and Eve made to disobey God. We need to receive sanctifying grace in Baptism to free us from *original sin.*

reconcile: [reconcile] being restored to God's grace by confessing our sins in the Sacrament of Reconciliation. Jesus came to *reconcile* us with God.

Savior: [Salvador] Jesus, the Son of God, who became man to make us friends with God again. The name *Jesus* means "God saves." Jesus is the *Savior* whom God sent to free the world from original sin.

temptation: [tentación] a thought or feeling that can lead us to disobey God. *Temptation* can come either from outside us or inside us.

Chapter

Baptism: [Bautismo] the sacrament that frees us from original sin and gives us new life in Jesus Christ through the Holy Spirit. *Baptism* is the first of the three Sacraments of Initiation by which we become full members of the Church. The other two Sacraments of Initiation are Confirmation and the Eucharist.

temptation
tentación

Confirmación: [Confirmation] sacramento que completa la gracia que recibimos en nuestro Bautismo. La *Confirmación* es el sacramento de iniciación mediante el cual somos fortalecidos en la fe. Los otros dos sacramentos de iniciación son el Bautismo y la Eucaristía.

Eucharist
Eucaristía

Eucaristía: [Eucharist] sacramento durante el cual el Cuerpo y la Sangre de Cristo se hacen presentes bajo las especies del pan y el vino. La *Eucaristía* es el sacramento de iniciación mediante el cual alabamos y damos gracias a Dios por habernos dado a Jesucristo. Los otros dos sacramentos de iniciación son el Bautismo y la Confirmación.

pecado: [sin] la libre elección de desobedecer a Dios. El *pecado* daña nuestra relación con Dios, con nosotros mismos y con las demás personas.

Reconciliación: [Reconciliation] sacramento en el que celebramos el perdón de Dios, quien nos perdona los pecados que hemos cometido. En el *sacramento de la Reconciliación,* expresamos nuestro arrepentimiento por nuestros pecados y se los confesamos a un sacerdote.

sacramentos de iniciación: [Sacraments of Initiation] los tres sacramentos que nos hacen miembros plenos de la Igleisa. Los *sacramentos de iniciación* son el Bautismo, que nos libera del pecado original; la Confirmación, que nos fortalece en la fe; y la Eucaristá, en la que recibimos el Cuerpo y la Sangre de Cristo.

Capítulo 3

decisión moral: [moral choice] decisión de hacer lo que está bien. Tomamos una *decisión moral* porque es lo que creemos que Dios quiere que hagamos.

pecado mortal: [mortal sin] decisión seria de alejarnos de Dios. El *pecado mortal* nos distancia del amor y la gracia de Dios.

pecado venial: [venial sin] Una decisión que tomamos que debilita nuestra relación con Dios o con los demás. Un *pecado venial* es menos serio que un pecado mortal.

Confirmation: [Confirmación] the sacrament that completes the grace we receive in Baptism. *Confirmation* is the Sacrament of Initiation in which we are made stronger in our faith. The other two Sacraments of Initiation are Baptism and the Eucharist.

chrism is used in the Sacrament of Confirmation
El crisma se usa en el sacramento de la Confirmación

Eucharist: [Eucaristía] the sacrament in which the Body and Blood of Christ is made present under the form of bread and wine. The *Eucharist* is the Sacrament of Initiation in which we give praise and thanks to God for giving us Jesus Christ. The other two Sacraments of Initiation are Baptism and Confirmation.

sin: [pecado] the free choice to disobey God. *Sin* hurts our relationship with God, with ourselves, and with others.

Reconciliation: [Reconciliación] the sacrament in which we celebrate God's forgiveness of the sins we have committed. In the Sacrament of *Reconciliation,* we express our sorrow for our sins and confess them to a priest.

Sacraments of Initiation: [sacramentos de iniciación] the three sacraments that make us full members of the Church. The *Sacraments of Initiation* are Baptism, which frees us from original sin; Confirmation, which strengthens our faith; and the Eucharist, in which we receive the Body and Blood of Christ.

Chapter 3

moral choice: [decisión moral] a choice to do what is right. We make a *moral choice* because it is what we believe God wants.

mortal sin: [pecado mortal] a serious decision to turn away from God. *Mortal sin* cuts us off from God's love and grace.

venial sin: [pecado venial] a choice we make that weakens our relationship with God or with others. *Venial sin* is less serious than mortal sin.

Capítulo 4

confesarse: [confess] admitir que hemos hecho algo malo. Durante el sacramento de la Reconciliación *confesamos* nuestros pecados a un sacerdote.

perdón: [forgiveness] don de Dios que repara la ruptura en nuestra relación con él y que recibimos por medio de las palabras del sacerdote. Recibimos el *perdón* de Dios mediante el sacramento de la Reconciliación.

Capítulo 5

absolución: [absolution] el perdón de los pecados que recibimos de Dios por medio de la Iglesia mediante el sacramento de la Reconciliación. Después de orar el Acto de contrición, el sacerdote nos da la *absolución.*

conciencia: [conscience] la voz interior que nos ayuda a conocer la ley de Dios y que nos guía para que sepamos lo que está bien y lo que está mal. Nuestra *conciencia* nos ayuda a tomar buenas decisiones.

examen de conciencia: [examination of conscience] acto de reflexionar de forma orante acerca de lo que hemos hecho o dejado de hacer. El *examen de conciencia* es una parte necesaria de nuestra preparación para celebrar el sacramento de la Reconciliación.

penitencia: [penance] oración u obra buena que el sacerdote, durante el Sacramento de la Reconciliación, nos pide que hagamos. El cumplir la *penitencia* demuestra que estamos arrepentidos y que queremos alejarnos del pecado y vivir como Dios quiere que vivamos.

Chapter 4

confess: **[confesarse]** to admit having done something wrong. During the Sacrament of Reconciliation, we *confess* our sins to a priest.

forgiveness: **[perdón]** the gift of God that repairs our broken relationship with him through the words of the priest. We receive God's *forgiveness* in the Sacrament of Reconciliation.

Chapter 5

absolution: **[absolución]** God's forgiveness of our sins that we receive through the Church in the Sacrament of Reconciliation. After we pray the Act of Contrition, the priest gives us *absolution.*

conscience: **[conciencia]** the inner voice that helps us know God's law and guides us to know what is right and wrong. Our *conscience* helps us make good choices.

examination of conscience: **[examen de conciencia]** the act of prayerfully thinking about what we have done or failed to do. An *examination of conscience* is a necessary part of preparing to celebrate the Sacrament of Reconciliation.

penance: **[penitencia]** the prayer or good deed the priest asks us to do in the Sacrament of Reconciliation. Doing our *penance* shows that we are sorry and want to turn away from sin and live as God wants us to live.

absolution
absolución

Otras palabras que deberías saber

Acto de contrición: [Act of Contrition] oración que expresa arrepentimiento de nuestros pecados y el deseo de mejorar. Rezamos el *Acto de contrición* durante el sacramento de la Reconciliación.

confesión: [confession] acto de decir nuestros pecados a un sacerdote en el sacramento de la Reconciliación. Recibimos la gracia de Dios cuando participamos en la *confesión*.

contrición: [contrition] expresión del arrepentimiento que sentimos por haber pecado y de nuestro deseo de comportarnos mejor en el futuro. Durante el sacramento de la reconciliación, rezamos un Acto de *contrición*.

libre voluntad: [free will] nuestra habilidad de poder elegir entre el bien y el mal. La *libre voluntad* es un don de Dios.

sacramento: [sacrament] una de las siete maneras mediante las cuales Dios se hace presente en nuestra vida por obra del Espíritu Santo. Un sacramento es una señal de la gracia que recibimos a través de Jesucristo. Los siete *sacramentos* son el Bautismo, la Confirmación, la Eucaristía, la Reconciliación, la Unción de Enfermos, el Orden Sacerdotal y el Matrimonio.

Savior
Salvador

sacramento de la Reconciliación y la Penitencia: [Sacrament of Penance and Reconciliation] sacramento con el que celebramos el perdón de los pecados que hemos cometido que nos ofrece Dios. En el *sacramento de la Reconciliación y la Penitencia* expresamos nuestro arrepentimiento por nuestros pecados y se los confesamos a un sacerdote.

sigilo sacramental: [Seal of Confession] deber que tiene el sacerdote de mantener en secreto cualquier cosa que haya sabido de alguien durante el sacramento de la Reconciliación. Los sacerdotes están obligados, por el *sigilo sacramental,* a mantener en secreto lo que confesamos en privado.

Other Words You Should Know

Act of Contrition: [Acto de contrición] a prayer of sorrow for our sins and of our desire to do better. During the Sacrament of Reconciliation, we pray an *Act of Contrition.*

sacrament
sacramento

confession: [confesión] the act of telling our sins to a priest in the Sacrament of Reconciliation. We receive God's grace when we go to *confession.*

contrition: [contrición] an expression of sorrow for our sins and of our desire to do better in the future. During the Sacrament of Reconciliation, we pray an Act of *Contrition.*

free will: [libre voluntad] our ability to choose between right and wrong. *Free will* is a gift from God.

sacrament: [sacramento] one of seven ways through which God's life enters our lives through the work of the Holy Spirit. A sacrament is a sign of the grace we receive through Jesus Christ. The seven *sacraments* are Baptism, Confirmation, Eucharist, Reconciliation, Anointing of the Sick, Holy Orders, and Matrimony.

Sacrament of Penance and Reconciliation: [sacramento de la Reconciliación y la Penitencia:] the sacrament in which we celebrate God's forgiveness of the sins we have committed. In the *Sacrament of Penance and Reconciliation,* we express our sorrow for our sins and confess them to a priest.

Seal of Confession: [sigilo sacramental] the duty of a priest to keep secret anything that he learns from someone in the Sacrament of Reconciliation. A priest is required by the *Seal of Confession* to keep secret whatever we confess in private.

Índice temático

Índice Bíblico

Index

Scripture Index

Créditos artísticos/ Art Credits

Todas las ilustraciones de las mariposas son obra de/All butterfly art by Kathryn Seckman Kirsch

Créditos fotográficos/Photography Credits:

En las páginas con varias ilustraciones, los reconocimientos artísticos están enumerados de izquierda a derecha, y de arriba a abajo. Las páginas "A" indican las páginas de la izquierda, mientras que las páginas "B" las de la derecha.

On pages with multiple images, credits are listed left to right, top to bottom. "A" page numbers indicate left pages, "B" page numbers indicate right pages.

Introducción/Front Matter
iii(a) iStockphoto.com/Carmen Martinez
iv(a) iStockphoto.com/Cliff Parnell
iv(b) iStockphoto.com/Sean Warren
v Phil Martin Photography

Capítulo/Chapter 1
2–3 Anna Leplar
4 The Crosiers/Gene Plaisted OSC
5(a) iStockphoto.com/Michal Rozanski
5(b) Titus/The Image Bank/Getty Images
6 Joy Allen
7 Phil Martin Photography
8-9 Joy Allen

Capítulo/Chapter 2
11 Owen Franken/CORBIS
12–13 Anna Leplar
14(a-b) Phil Martin Photography
14(b) Kathryn Seckman Kirsch
15 Paola Condreas
16(a) Mia Basile
16(b) Susan Tolonen
18(a-b) Phil Martin Photography

18(b) iStockphoto.com/Brent Melton
19(a) iStockphoto.com/Joseph Jean Rolland Dube
19(b) iStockphoto.com/Gina Goforth
19(b) iStockphoto.com/Anneke Schram
19(all frames) iStockphoto.com/Nic Taylor
20(a) iStockphoto.com/Arjan de Jager

Capítulo/Chapter 3
21 Ty Allison/Taxi/Getty Images
22-23 Anna Leplar
24(a) iStockphoto.com/Minnie Menon
24(b) iStockphoto.com/Brad Wieland
26 iStockphoto.com/Pierre Yu
28(a) Con Tanasiuk/Design Pics/CORBIS
28(b) iStockphoto.com/Leslie Banks
29(a-b) iStockphoto.com/Cheryl Graham
30(b) iStockphoto.com/Slawomir Jastrzebsk

Capítulo/Chapter 4
31 Jose Luis Pelaez Inc./Blend Images
32–33 Anna Leplar
34 Phil Martin Photography
36–37 Joy Allen
38(a) iStockphoto.com/Chernyak
38(b) iStockphoto.com/robert pepper
39 iStockphoto.com/Daniele Barioglio /Zone Creative
40(b) Phil Martin Photography

Capítulo/Chapter 5
42-43 Anna Leplar
45(a) iStockphoto.com/Jaren Wicklund
46–47(b) Myrleen Ferguson Cate/Photo Edit
47(a) iStockphoto.com/Song Speckels
48–49(a-b) Joy Allen
49(b) The Crosiers/Gene Plaisted OSC
50(a) iStockphoto.com/Pathathai Chungyam

Capítulo/Chapter 6
51 iStockphoto.com/Pamela Moore
52-53 Anna Leplar
54–55 Joy Allen
56(a) iStockphoto.com/M. Eric Honeycutt
56(a-b) iStockphoto.com/Kutay Tanir
58(a) Joy Allen

58(b) iStockphoto.com/fotovoyager.com
59 iStockphoto.com/jean schweitzer
60(b) iStockphoto.com/Yvonne Chamberlain

Vivo mi fe/I Live My Faith
61(a) iStockphoto.com/Candice Popik,
61(a) iStockphoto.com/Elena Genova
61(b) iStockphoto.com/Stepan Popov
62(a) The Crosiers/Gene Plaisted OSC
63(a) Phil Martin Photography
63(b) www.lafuente.com
65(a) Christina Balit
66(a) Phil Martin Photography
67(b) Alistair Berg/Taxi/Getty Images
68(a) MattBozik
68(b) Myrleen Ferguson Cate/Photo Edit
70(b) Phil Martin Photography
71 Phil Martin Photography
72(a) Myrleen Ferguson Cate/Photo Edit
72(b) iStockphoto.com/Mikael Damkier
73 The Crosiers/Gene Plaisted OSC

Conozco estas palabras/I Know These Words
76-79 Susan Tolonen

Las fotos y las ilustraciones no mencionadas anteriormente son, bien propiedad de Loyola Press, bien de recursos libres de derechos de autor como Agnus, Alamy, Comstock, Corbis, Creatas, Fotosearch, Getty Images, Imagestate, iStock, Jupiter Images, Punchstock, Rubberball, and Veer. Loyola Press ha hecho todos los intentos posibles por localizar a los propietarios de los derechos de autor de las obras citadas en el presente trabajo a fin de hacer un reconocimiento pleno de la autoría de su trabajo. En caso de alguna omisión, Loyola Press se complacerá en reconocer el crédito en las ediciones futuras.

Photos and illustrations not acknowledged above are either owned by Loyola Press or from royalty-free sources including, but not limited to Agnus, Alamy, Comstock, Corbis, Creatas, Fotosearch, Getty Images, Imagestate, iStock, Jupiter Images, Punchstock, Rubberball, and Veer. Loyola Press has made every effort to locate the copyright holders for the cited works used in this publication and to make full acknowledgment for their use. In the case of any omissions, the Publisher will be pleased to make suitable acknowledgments in future editions.

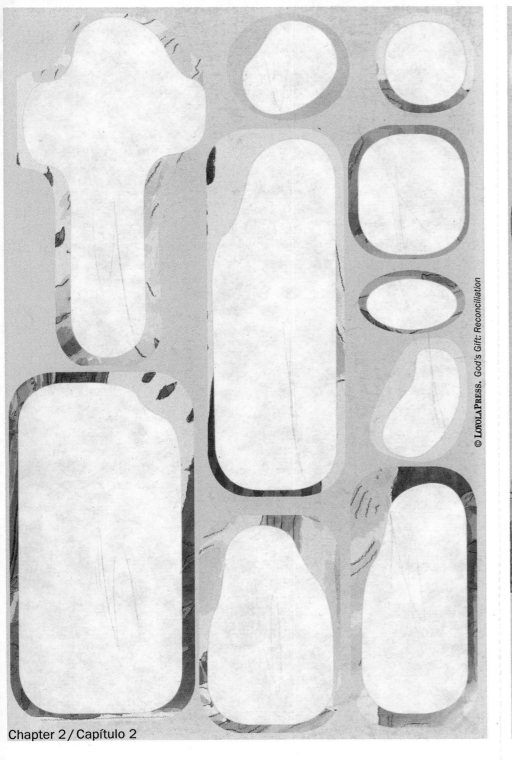

Chapter 2 / Capítulo 2

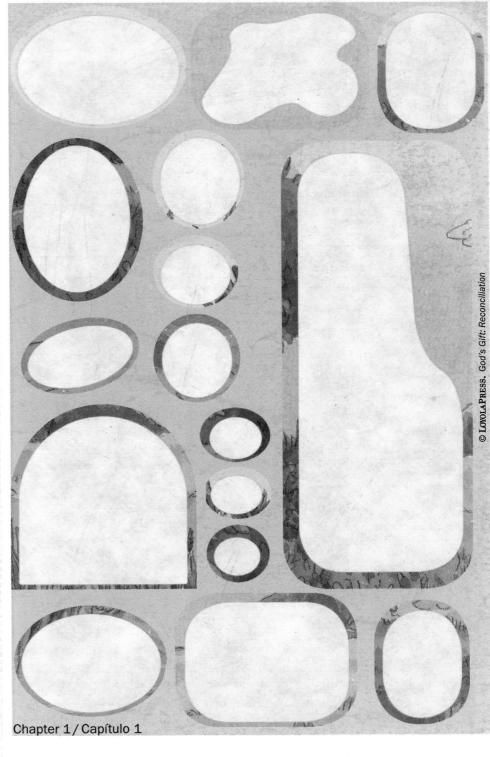

Chapter 1 / Capítulo 1

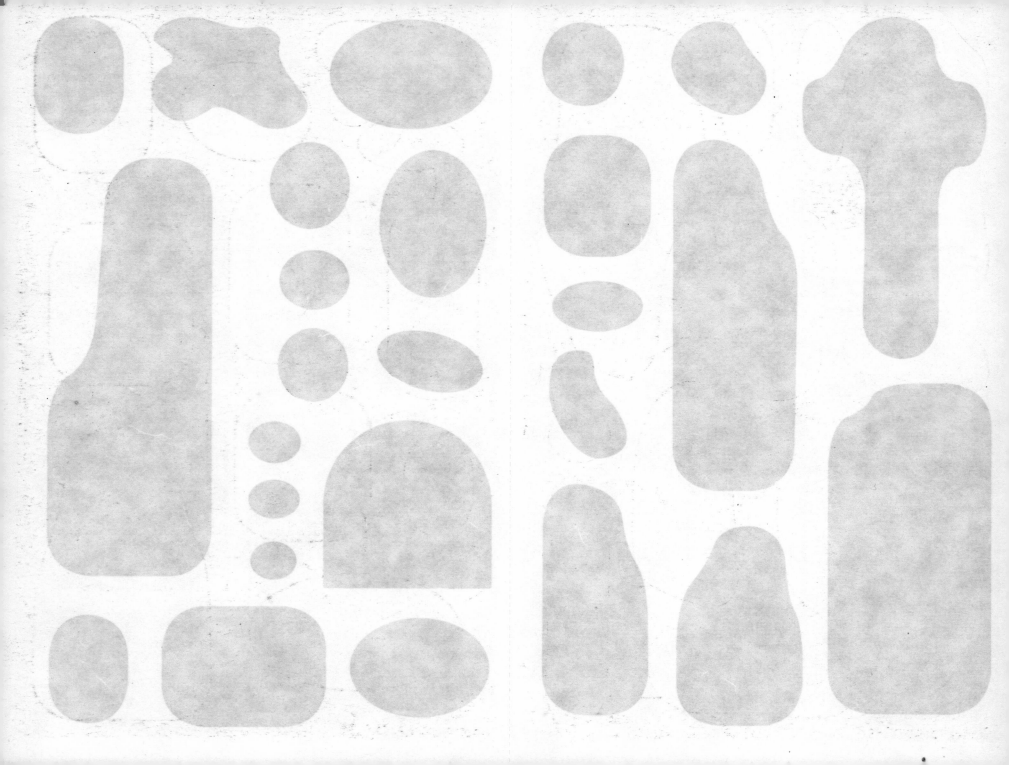

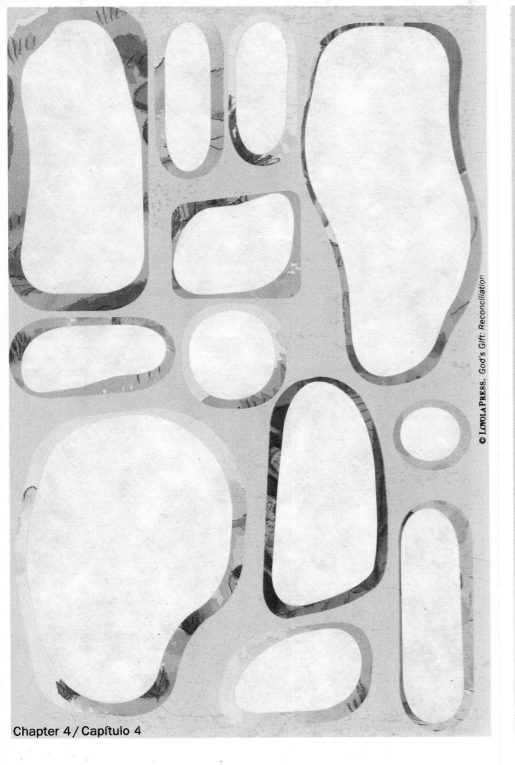

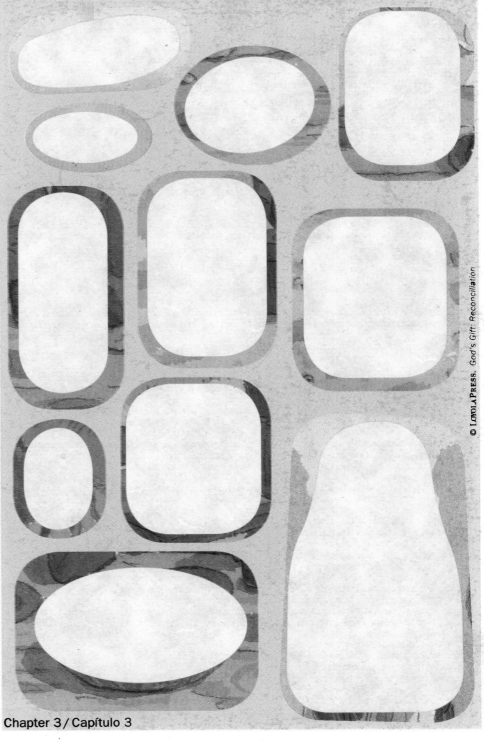

Chapter 4 / Capítulo 4

Chapter 3 / Capítulo 3

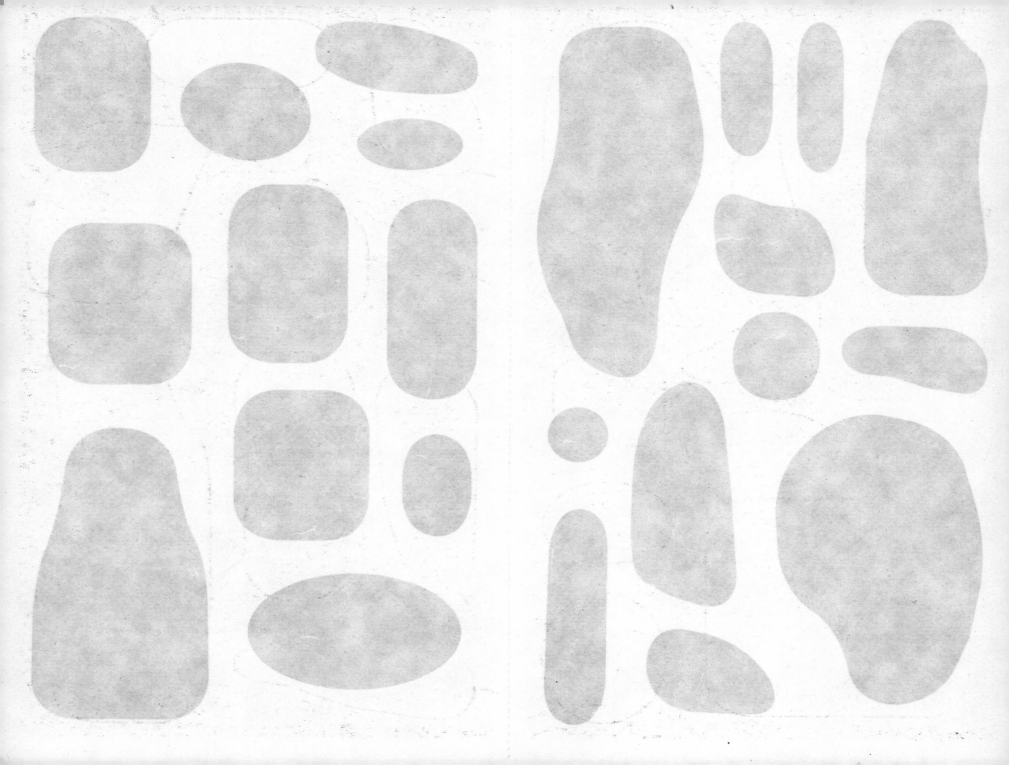

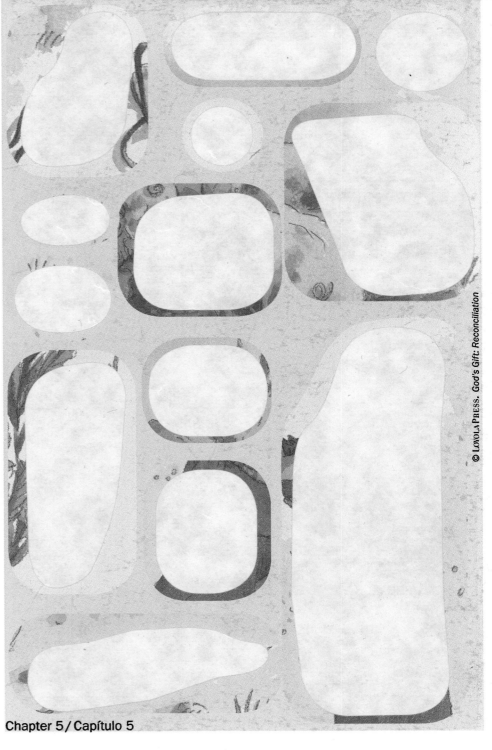

Chapter 6 / Capítulo 6

Chapter 5 / Capítulo 5

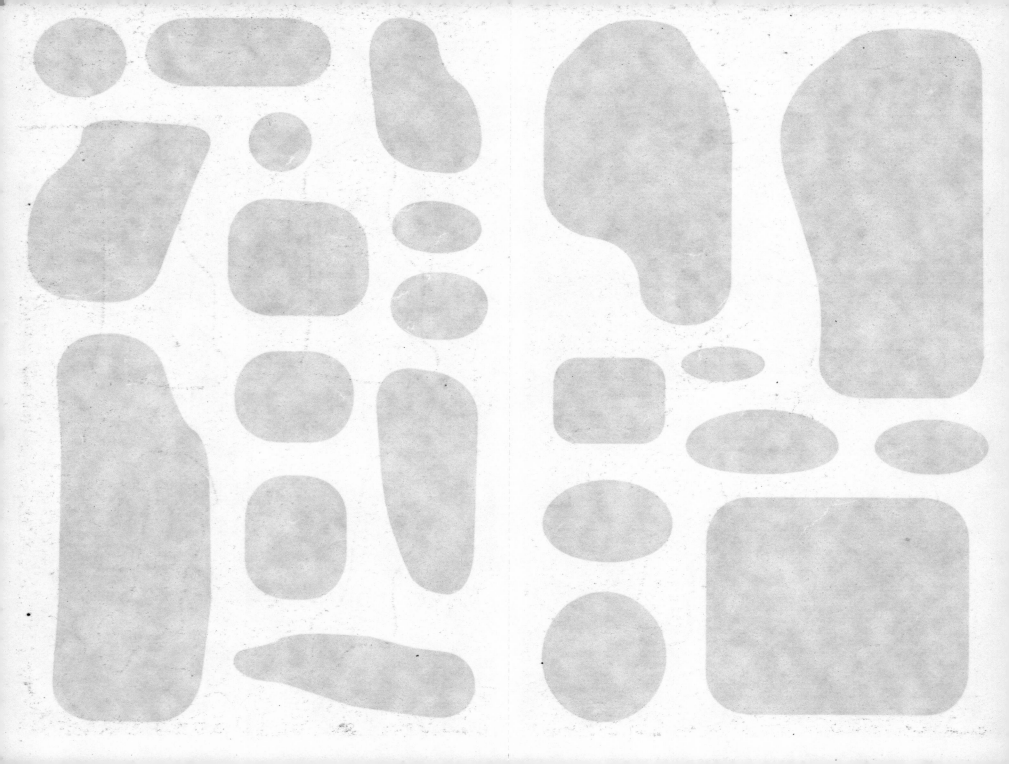

Estas son las calcomanías para usar en la página 37 de tu libro. Tu catequista te indicará cuándo las tienes que usar.

Here are your stickers for page 37 of your book. Your catechist will let you know how to use them.

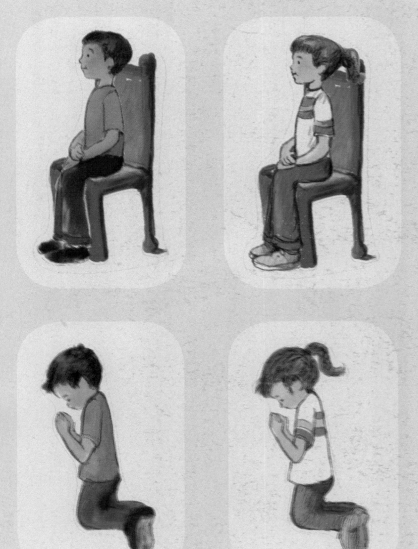

Dos opciones en el confesionario

Reconciliation Room Choices